元筑波大学附属小学校教諭
共愛学園前橋国際大学准教授
桂 聖

はじめての こくご

5・6・7
歳向け

たんけんきょうかしょ

実務教育出版

入学前からひらがなが読める

共愛学園前橋国際大学准教授

元筑波大学附属小学校教諭　桂　聖

あなたのお子さんは、ひらがなが読めますか？　小学校の入学前には、書けなくても、最低でも読めるようにしておきましょう。そうしないと大変なことになります。

小学一年生の国語の授業は、人生の中で一番学ぶことが多いです。たとえば、4月に入学して、ひらがな46文字を習ったら、7月には絵日記を書かなくてはいけません。夏休み後の9月以降は、カタカナ46文字や漢字80字も習います。ものすごいスピードだと思いませんか？

普通は、幼稚園や保育園で、ひらがなを教えません。習いごとやご家庭で教えない限り、ひらがなを読めるようにはならないはずです。しかし、入学前からひらがなが読めていないと、一年生のスタートから小学校の学習がかなり遅れてしまうことになります。もしかしたら、この遅れは、その後の人生にも悪い影響を及ぼしてしまうかもしれません。私は「入学前にひらがなを読めるようになっておくこと」を、すべての子どもたちに教育を通して保障すべきだと考えます。

本書の目的は、「ひらがなが読めなかった子が、遊び感覚で楽しみながら、ひらがなを読めるようになること」です。しかも、順序を追って、ひらがながだんだん読めるようになって、書くことにも慣れることができるように構成しました。

たとえば、下の図のように、まず**「かくれんぼクイズ」**で「隠れているもの」を話します。人は、隠れていると気になります。お子さんも、ついつい話してくれるはずです。

ステップ1では、その話し言葉を「ひらがなの言葉」に置き換えます。

「パン、パン、パンと、手をたたきながら読もう」という指示によって、たとえば「さ」「る」（2音）、「き」「り」「ん」（3音）、のように、「ひらがな」と「音」との関係を感覚的に理解できるようにします。こうした「音韻認識」（音の単位を意識して操作する力）は、ひらがなを読んだり書いたりする基礎になる力です。

ステップ2では、絵とひらがなの言葉を線でつなぐことによって、「自分の力でひらがなが読める」ことを確認します。ステップ1で読んだ言葉を選ぶので、どの子も取り組むことができるでしょう。もしも難しいようなら、ステップ1に戻って答えるように助言してください。

そして**ステップ3**では、読めるようになった言葉を「ひらがな1文字だけ書く」ようにしています。言葉すべてを書くのではなくて、1文字

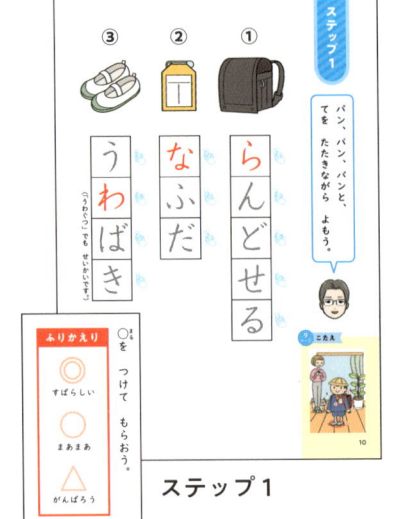

ステップ 2

ステップ 1

かくれんぼクイズ

を書くだけなので、初めての子も取り組みやすいはずです。書字の研究では、なぞり書き（うすく印刷された文字をなぞる）よりも、写し書き（お手本を見て写す）のほうが効果的だと言われています。書き順を見ながら、1文字だけを写して書くように助言してください。本書では、1文字ずつ書いていって、46文字すべてが読めたり書いたりできるように構成しています。

<mark>それぞれのステップは、小学校の生活を探検していくように構成しました。ひらがなを読んだり書いたりするだけではなくて、「小学校の生活がわかる」ことができます。入学前や入学後の子どもたちが、学校生活に慣れていけるように配慮しました。</mark>

<mark>また、振り返りとして「◎すばらしい ○まあまあ △がんばろう」という欄があります。保護者の方がどれかに○をつけてあげてください。</mark>

<mark>**「びっくり あいうえお」「ひらがな かくれんぼ」**は、お楽しみコーナーです。お子さんと一緒に読んだり探したりしてもらって、ひらがなで遊ぶ楽しさを味わってほしいと思います。</mark>

あなたのお子さんが、ひらがなとの出合いを楽しみながら、すべてのひらがなが読めるようになることを願っています。

ひらがな　かくれんぼ

びっくり　あいうえお

ステップ3

はじめてのこくご たんけんきょうかしょ もくじ

装丁／西垂水敦・岸恵里香（krran）

カバーイラスト／まりな

本文イラスト／うつみちはる

本文顔イラスト／かりた

本文デザイン・DTP／高見澤愛美

1

しょうがっこうの
ことば

こくご

にゅうがくしき たんけん

入学式

かくれんぼクイズ

にゅうがくの　じゅんび。
なにが　かくれて　いるかな？

パン、パン、パン、パンと、
てを　たたきながら　よもう。

①

ら
ん
ど
せ
る

②

な
ふ
だ

③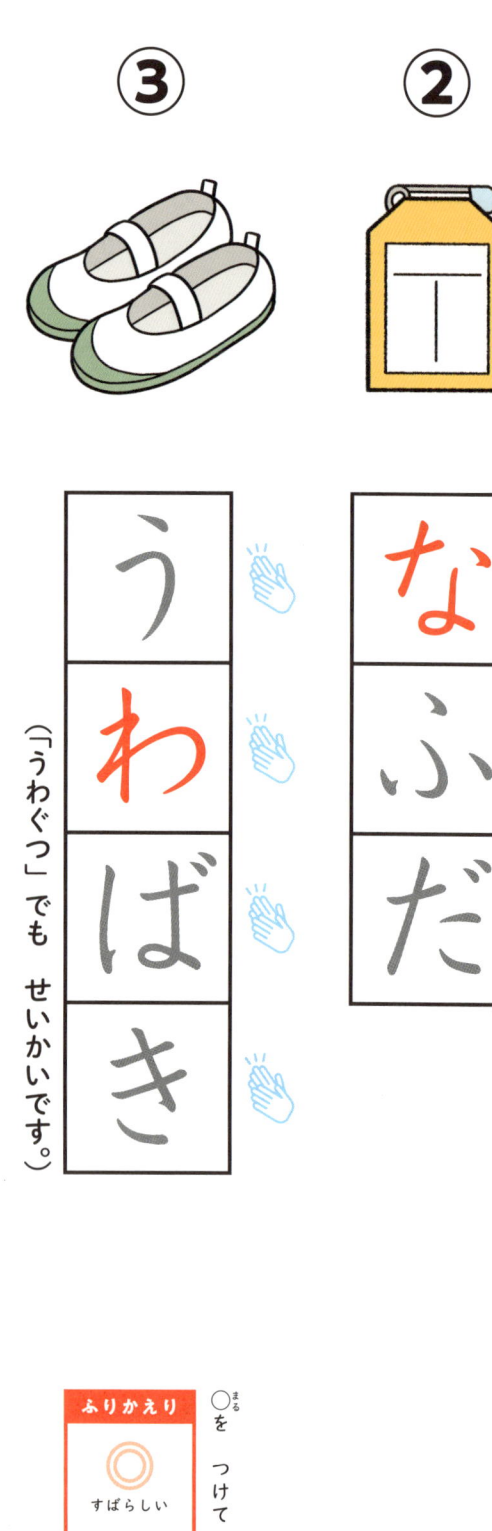

う
わ
ば
き

（「うわぐつ」でも　せいかいです。）

9ページ　こたえ

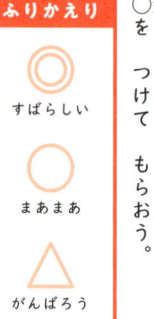

ふりかえり

○を　つけて　もらおう。

◎ すばらしい

○ まあまあ

△ がんばろう

10

ひらがなを よんで せんで つなごう。

③

②

①

う
わ
ば
き

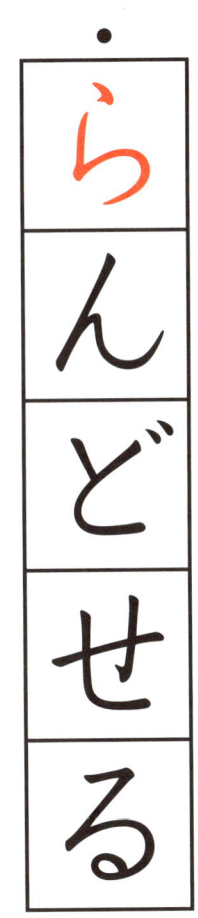

ら
ん
ど
せ
る

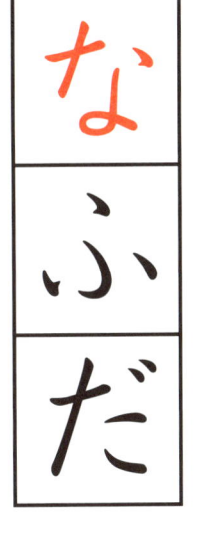

な
ふ
だ

あいうえおひょう

わ	ら	や	ま	は	な	た	さ	か	あ
	り		み	ひ	に	ち	し	き	い
を	る	ゆ	む	ふ	ぬ	つ	す	く	う
	れ		め	へ	ね	て	せ	け	え
ん	ろ	よ	も	ほ	の	と	そ	こ	お

③ ② ①

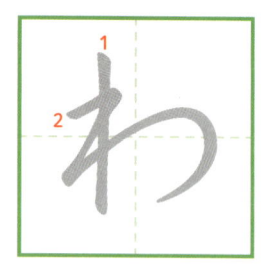 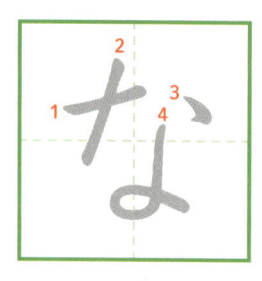 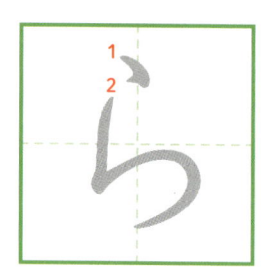

ひらがなを まねして
かいて みよう。

③
う
ば
き

②
ふ
だ

①
ん
ど
せ
る

11
ページ こたえ

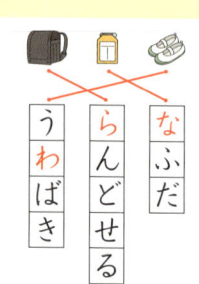

う わ ば き
ら ん ど せ る
な ふ だ

ふりかえり

○を つけて もらおう。

◎ すばらしい

○ まあまあ

△ がんばろう

はじめての とうこう。
なにに きを つける？

かくれんぼクイズ

① ② ③

パン、パン、パンと、てを　たたきながら　よもう。

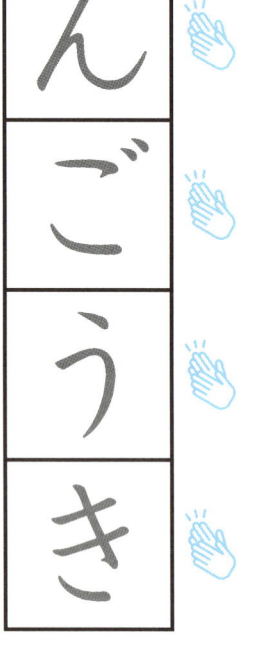

①

しんごうき

②

おうだんほどう

③

くるま

13ページ　こたえ

ふりかえり

○を　つけて　もらおう。

◎ すばらしい
○ まあまあ
△ がんばろう

14

ひらがなを よんで せんで つなごう。

③

②

①

しんごうき

おうだんほどう

くるま

○を つけて もらおう。

ふりかえり

◎ すばらしい

○ まあまあ

△ がんばろう

あいうえおひょう

わ	ら	や	ま	は	な	た	さ	か	あ
	り		み	ひ	に	ち	し	き	い
を	る	ゆ	む	ふ	ぬ	つ	す	く	う
	れ		め	へ	ね	て	せ	け	え
ん	ろ	よ	も	ほ	の	と	そ	こ	お

ひらがなを まねして かいて みよう。

③

②

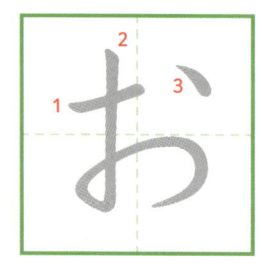

①

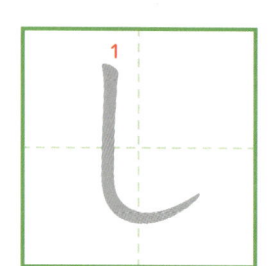

る
ま

う
だ
ん
ほ
ど
う

ん
ご
う
き

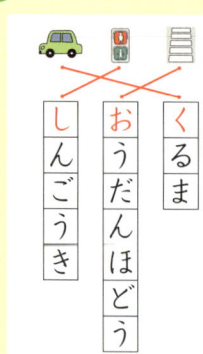
 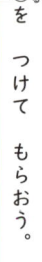
ふりかえり
◯を つけて もらおう。
◎ すばらしい
◯ まあまあ
△ がんばろう

はじめての　とうこう。
なにが　みえるかな？

パン、パン、パン、パンと、
てを たたきながら よもう。

③

② 小学校

①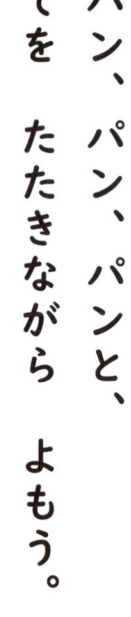

③
| さ |
| く |
| ら |

②
| も |
| ん |

①
| が |
| っ |
| こ |
| う |

○を つけて もらおう。

ふりかえり

◎ すばらしい

○ まあまあ

△ がんばろう

17ページ こたえ

18

③

②

①

ひらがなを よんで せんで つなごう。

さ
く
ら

が
っ
こ
う

も
ん

ふりかえり

◎ すばらしい

○ まあまあ

△ がんばろう

○を つけて もらおう。

あいうえおひょう

わ	ら	や	ま	は	な	た	さ	か	あ
	り		み	ひ	に	ち	し	き	い
を	る	ゆ	む	ふ	ぬ	つ	す	く	う
	れ		め	へ	ね	て	せ	け	え
ん	ろ	よ	も	ほ	の	と	そ	こ	お

③　　　②　　　①

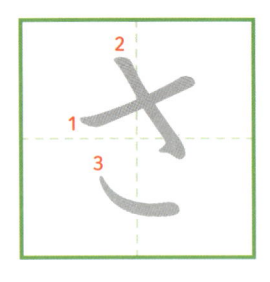　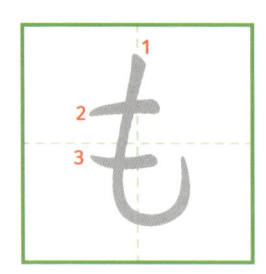　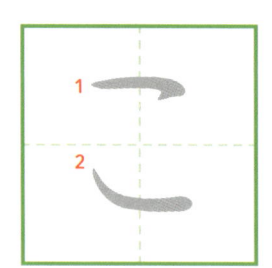

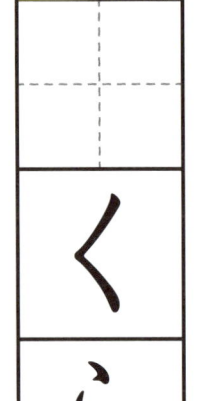　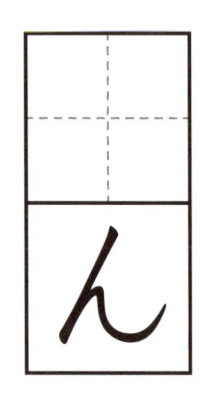　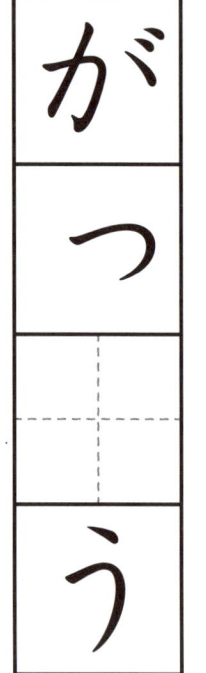

ひらがなを　まねして　かいて　みよう。

19ページ　こたえ

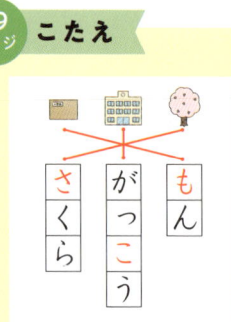

○まるを　つけて　もらおう。

ふりかえり

◎　すばらしい

○　まあまあ

△　がんばろう

たのしく　よもう！
びっくり　あいうえお

これは　なに？
あたらしい
あんぱん？

あ ひるの

あ んぱん

あ いうえお

たのしく よめたかな？

ひらがな
かくれんぼ1

あ、うちゅうの　ことばが　かくれて　いるよ！

じゅぎょう たんけん

23 ページのこたえ　たいよう

かくれんぼクイズ

きょうしつ。なにが あるかな？

①

②

③

パン、パン、パン、パンと、てを たたきながら よもう。

③

② ①

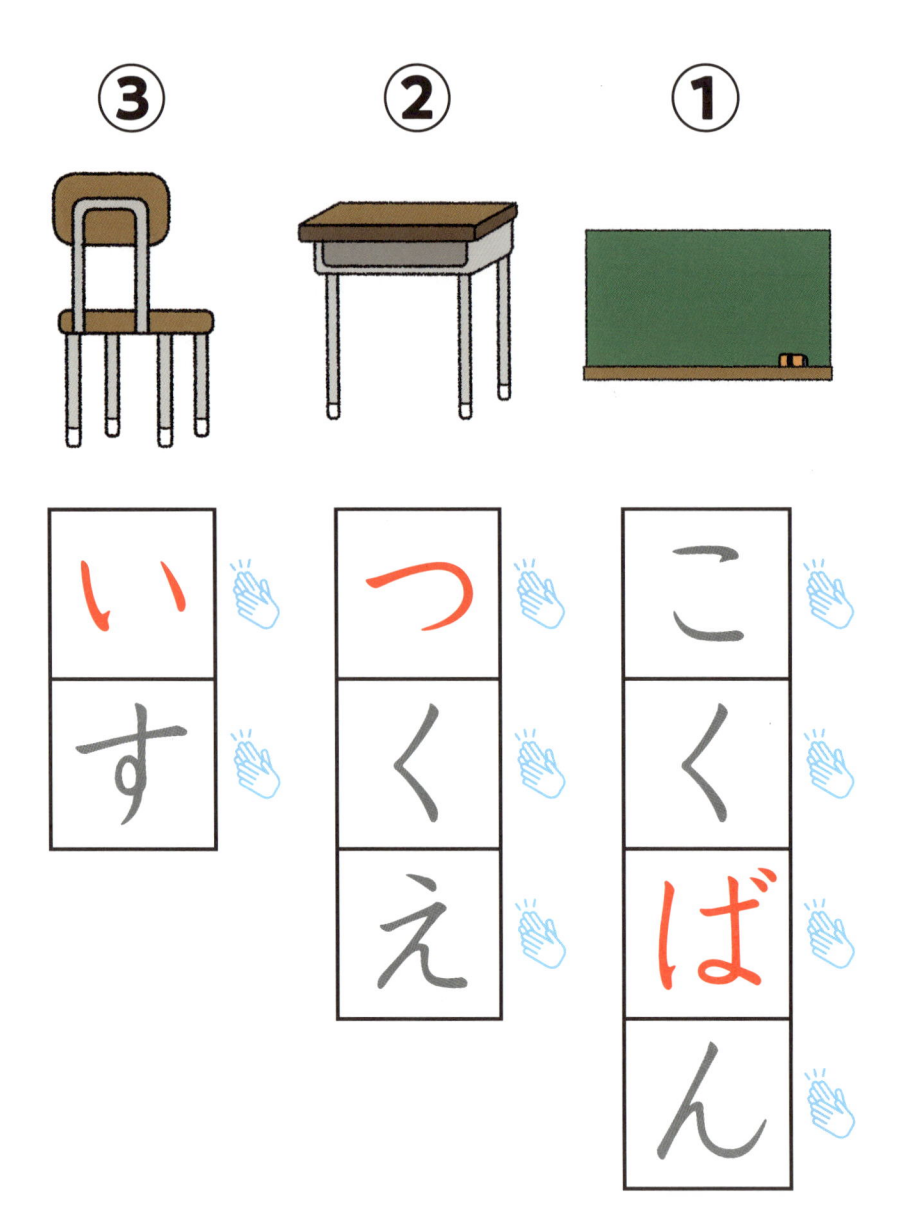

③	②	①
い	つ	こ
す	く	く
	え	ば
		ん

ふりかえり

○を つけて もらおう。

◎ すばらしい

○ まあまあ

△ がんばろう

25ページ こたえ

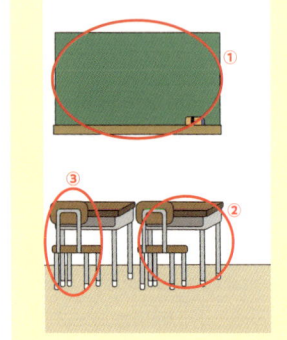

 ③　②　①

 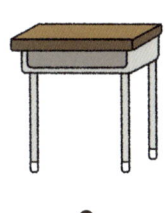 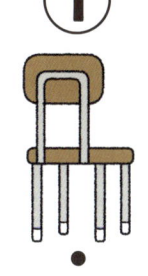

・　・　・

・　・　・

ひらがなを　よんで
せんで　つなごう。

つ	こ	い
く	く	す
え	ば	
	ん	

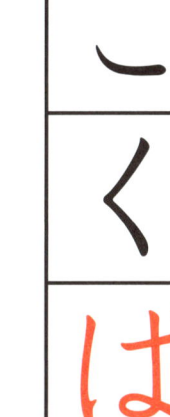 

ふりかえり

○を　つけて　もらおう。

◎ すばらしい

○ まあまあ

△ がんばろう

あいうえおひょう

わ	ら	や	ま	は	な	た	さ	か	あ
	り		み	ひ	に	ち	し	き	い
を	る	ゆ	む	ふ	ぬ	つ	す	く	う
	れ		め	へ	ね	て	せ	け	え
ん	ろ	よ	も	ほ	の	と	そ	こ	お

ひらがなを　まねして　かいて　みよう。

③

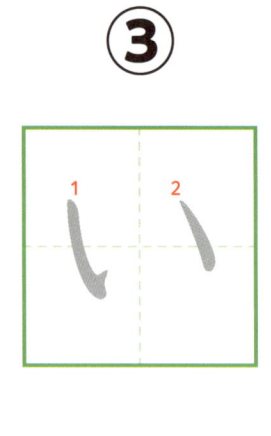

②

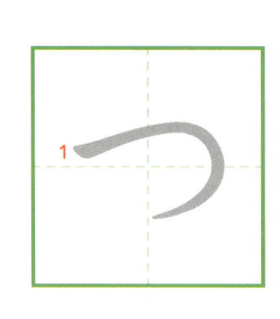

①

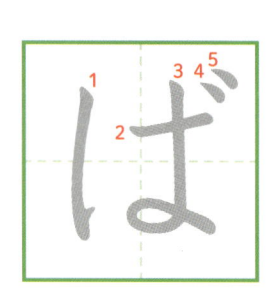

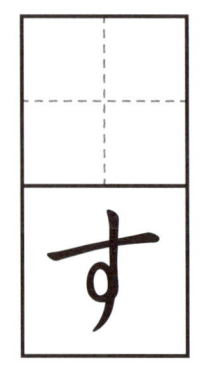

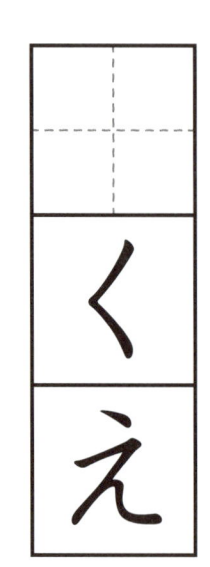

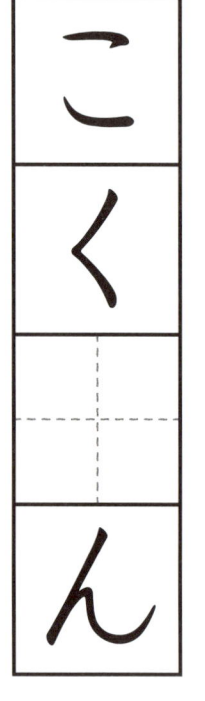

27ページ　こたえ

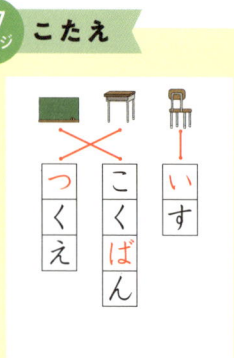

28

かくれんぼクイズ

つくえの うえ。
なにを おく？

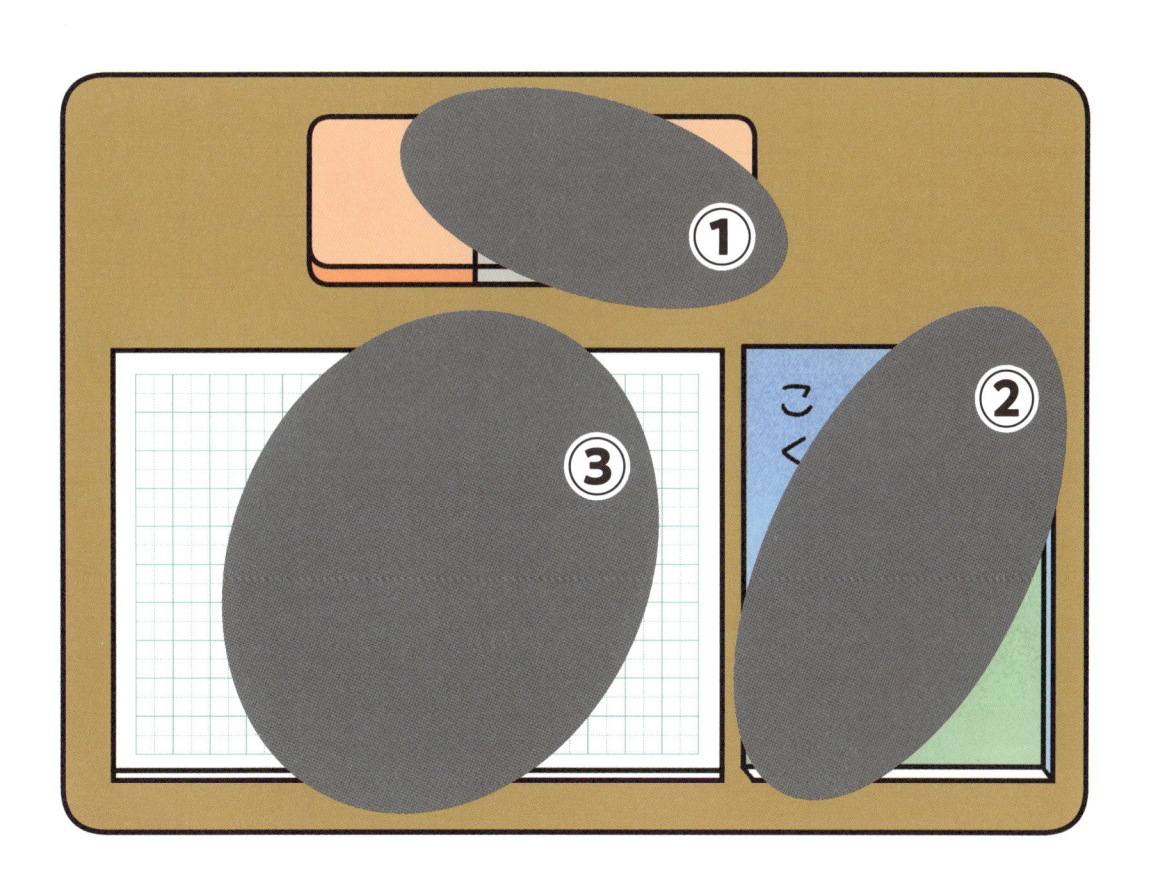

パン、パン、パンと、てを たたきながら よもう。

① ふ で ば こ

② き よ う か し よ

③ の お と

29ページ こたえ

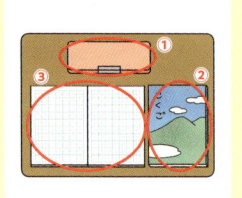

ふりかえり

○を つけて もらおう。

◎ すばらしい

○ まあまあ

△ がんばろう

③

②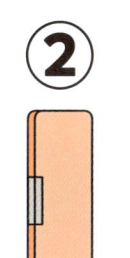

①

ひらがなを よんで せんで つなごう。

③

ふ
で
ば
こ

②
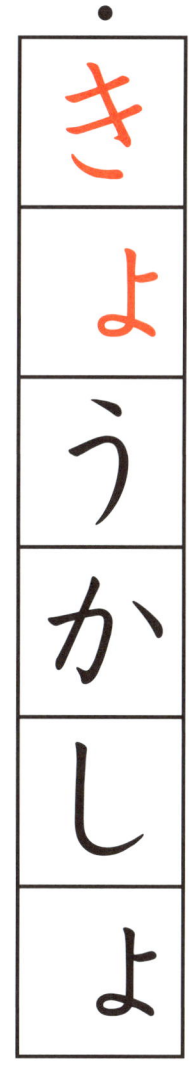

き
ょ
う
か
し
ょ

①

の
お
と

ふりかえり

◎ すばらしい

○ まあまあ

△ がんばろう

○まるを つけて もらおう。

あいうえおひょう

わ	ら	や	ま	は	な	た	さ	か	あ
	り		み	ひ	に	ち	し	き	い
を	る	ゆ	む	ふ	ぬ	つ	す	く	う
	れ		め	へ	ね	て	せ	け	え
ん	ろ	よ	も	ほ	の	と	そ	こ	お

ひらがなを まねして かいて みよう。

③

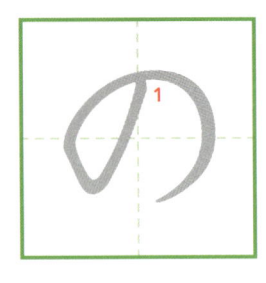

②

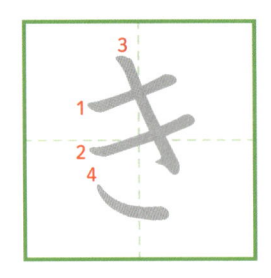

①

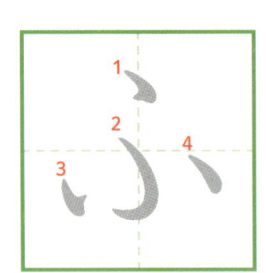

③
おと

②
ようかしょ

①
でばこ

こたえ

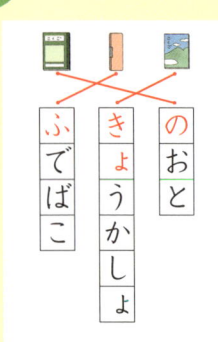

ふ
で
ば
こ

きょうかしょ

のおと

ふりかえり

○ を つけて もらおう。

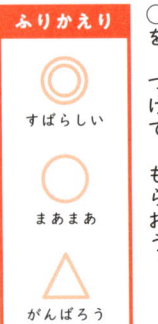

◎ すばらしい

○ まあまあ

△ がんばろう

びっくり あいうえお

えっ、からす？
かつらを
かぶって
いるの？

か か か
ら つ き
す ら く
の け
こ

たのしく
よめた
かな？

かくれんぼクイズ

ふでばこ。 なかみは、 そろって いる?

パン、パン、パン、パンと、てを たたきながら よもう。

35 ページ こたえ

③

②

①

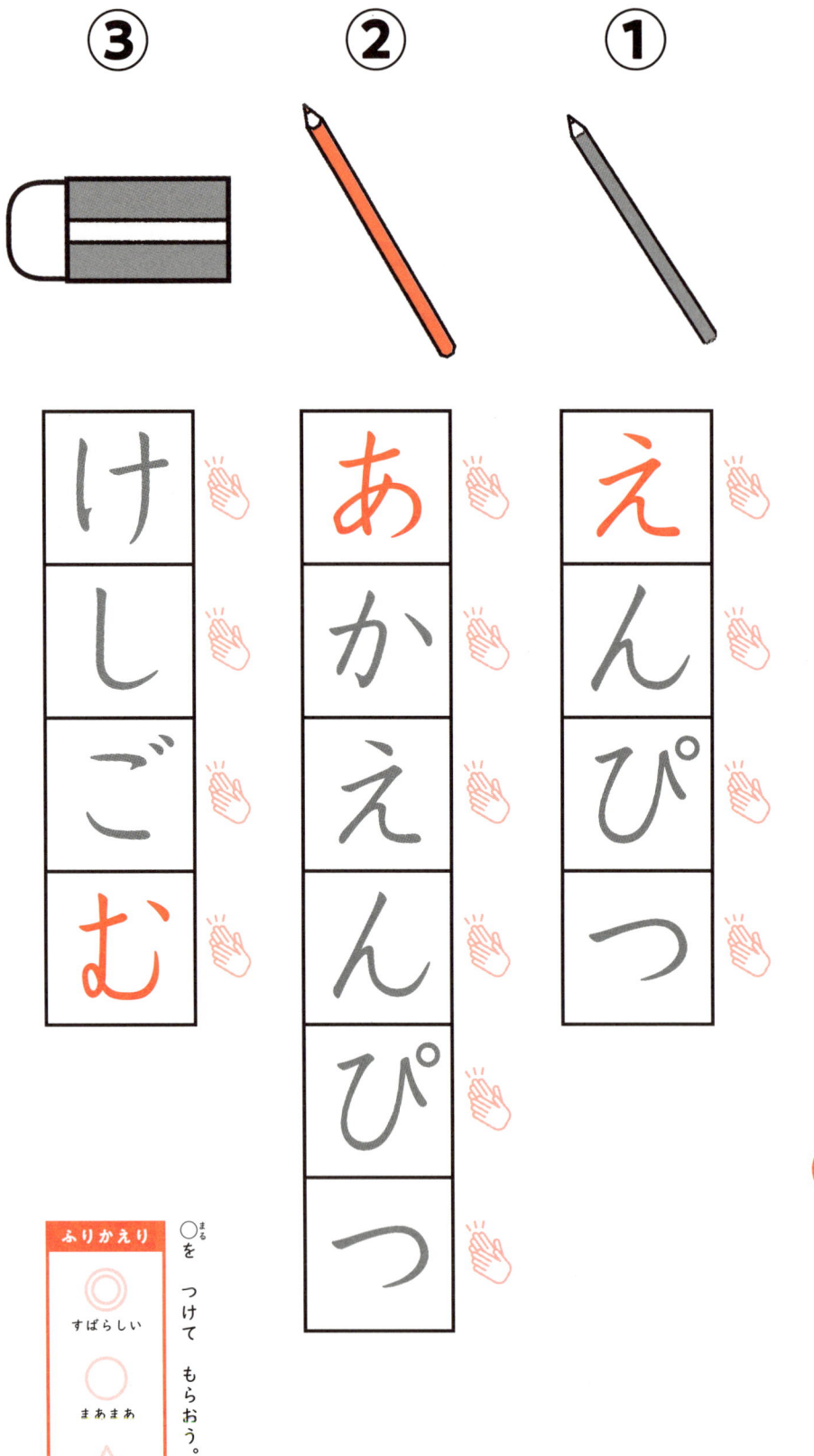

③	②	①
け	あ	え
し	か	ん
ご	え	ぴ
む	ん	つ
	ぴ	
	つ	

ふりかえり

○_{まる}を つけて もらおう。

◎ すばらしい

○ まあまあ

△ がんばろう

③

②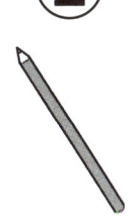

①

・

・

ひらがなを よんで せんで つなごう。

① けしごむ

② あかえんぴつ

③ えんぴつ

あいうえおひょう

わ	ら	や	ま	は	な	た	さ	か	あ
	り		み	ひ	に	ち	し	き	い
を	る	ゆ	む	ふ	ぬ	つ	す	く	う
	れ		め	へ	ね	て	せ	け	え
ん	ろ	よ	も	ほ	の	と	そ	こ	お

ふりかえり

〇を つけて もらおう。

◎ すばらしい

〇 まあまあ

△ がんばろう

ひらがなを まねして かいて みよう。

③

②

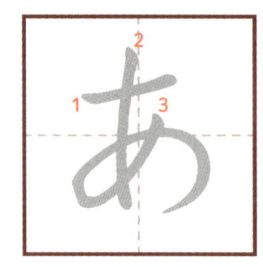

①

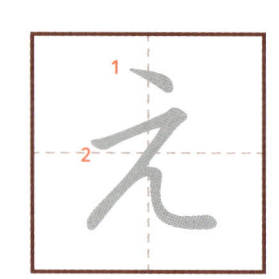

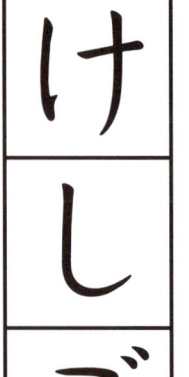

け
し
ご

か
え
ん
ぴ
つ

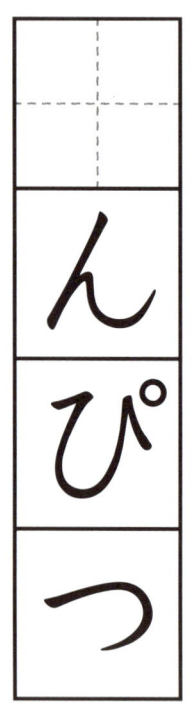

ん
ぴ
つ

○を つけて もらおう。

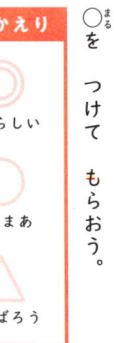
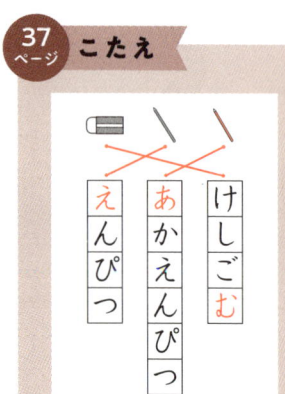

かくれんぼクイズ

じゅぎょう。
①、②は、だれ？
③は、なにかな？

パン、パン、パン、パンと、てを たたきながら よもう。

③
②
①

③
ちょおく

②
ともだち

①
せんせい

39ページ こたえ

ふりかえり

○まるを つけて もらおう。

◎ すばらしい

○ まあまあ

△ がんばろう

① ちょおく

② ともだち

③ せんせい

ひらがなを よんで
せんで つなごう。

あいうえおひょう

わ	ら	や	ま	は	な	た	さ	か	あ
	り		み	ひ	に	ち	し	き	い
を	る	ゆ	む	ふ	ぬ	つ	す	く	う
	れ		め	へ	ね	て	せ	け	え
ん	ろ	よ	も	ほ	の	と	そ	こ	お

ふりかえり

○<small>まる</small>を つけて もらおう。

◎ すばらしい

○ まあまあ

△ がんばろう

ひらがなを まねして かいて みよう。

③

② ①

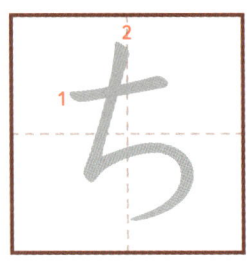 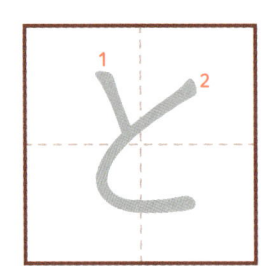 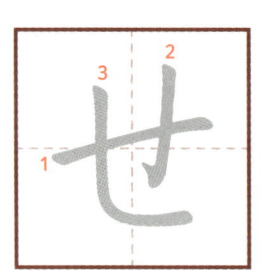

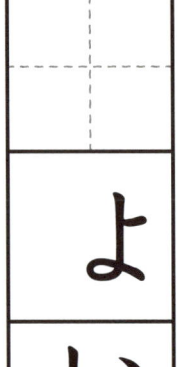

 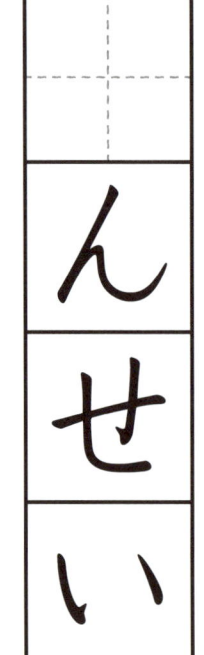

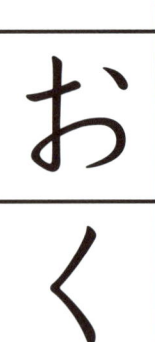

41ページ こたえ

42

びっくり あいうえお

さいころの
えは
なに？

（さ）（さ）（さ）
るの いころ しすせそ

たのしく
よめたかな？

ひらがな
かくれんぼ2

あっ、うみの　いきものの　ことばが　かくれて　いる！

がっこうせいかつ たんけん

45 ページのこたえ　くまのみ

かくれんぼクイズ

やすみじかん。なにを して あそぶ？

③

②

①

パン、パン、パン、パンと、てを たたきながら よもう。

③

② ①

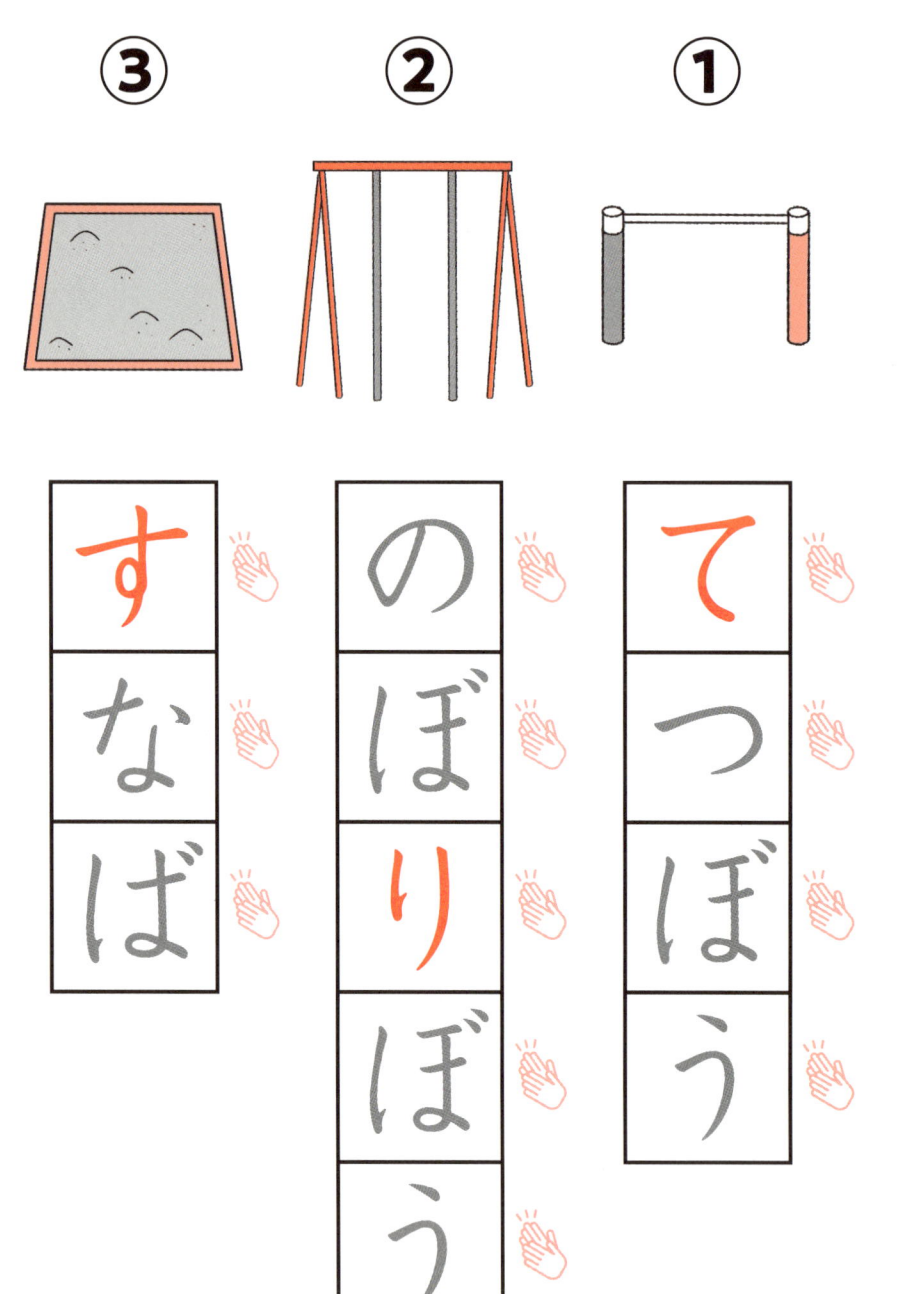

すなば

のぼりぼう

てつぼう

47ページ こたえ

ふりかえり

○を つけて もらおう。

◎ すばらしい

○ まあまあ

△ がんばろう

ひらがなを よんで せんで つなごう。

③

②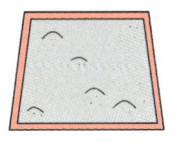

①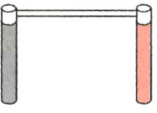

③
てつぼう

②
のぼりぼう

①
すなば

ふりかえり

◎ すばらしい

○ まあまあ

△ がんばろう

○まるを つけて もらおう。

③ ② ①

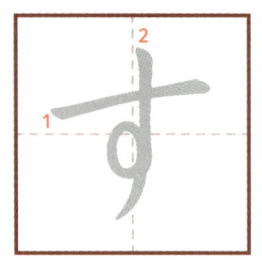 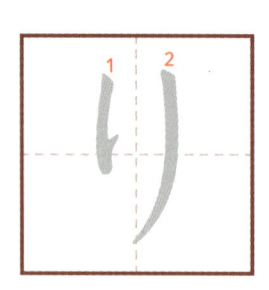 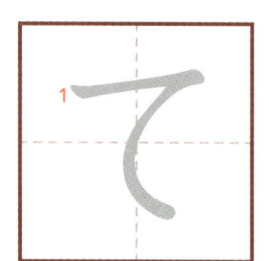

ひらがなを　まねして
かいて　みよう。

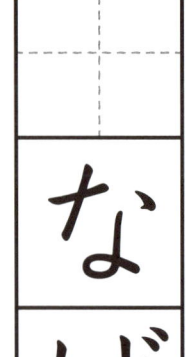 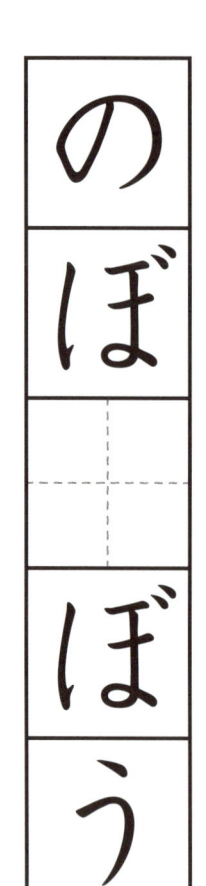 

③
な
ば

②
の
ぼ
ぼ
う

①
つ
ぼ
う

49ページ こたえ

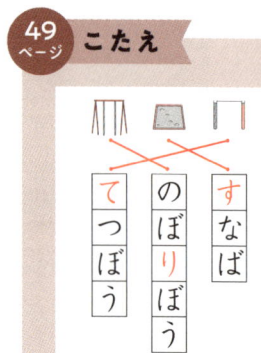

50

たのしく　よもう！
びっくり　あいうえお

えっ、たい？
たいつを
はいて
いる？

た
た
た
い
い
ち
の
つ
つ
て
と

たのしく
よめたかな？

かくれんぼクイズ

きゅうしょく。
これは にんきの めにゅうです。

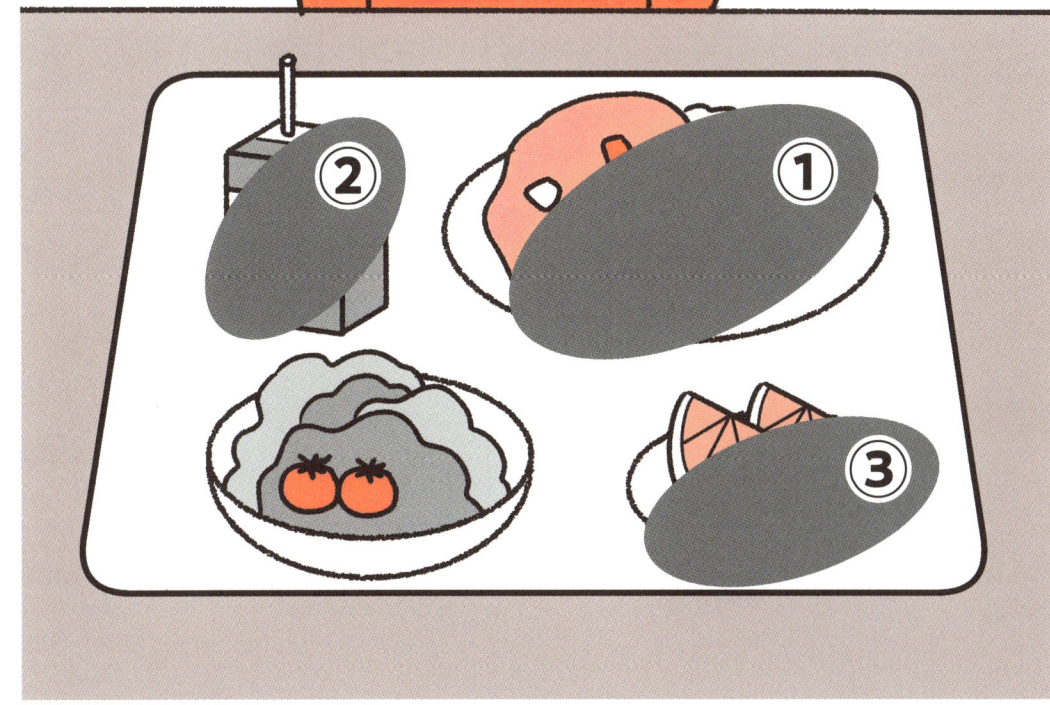

パン、パン、パンと、
てを　たたきながら　よもう。

53ページ　こたえ

③

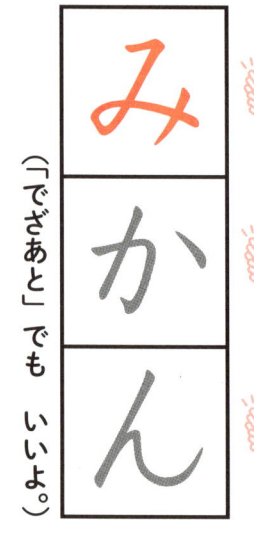

み
かん
ん

（「でざあと」でも　いいよ。）

ふりかえり

◎　すばらしい

○　まあまあ

△　がんばろう

○を　つけて　もらおう。

②

ぎ
ゅ
う
に
ゅ
う

①

かれえらいす

（かたかなでは　「カレーライス」のように　かきます。）

54

③

②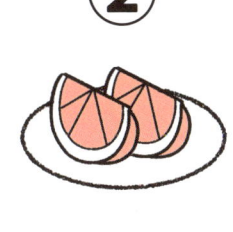

①

ひらがなを　よんで
せんで　つなごう。

み
か
ん

か
れ
え
ら
い
す

ぎ
ゅ
う
に
ゅ
う

まる
〇を　つけて　もらおう。

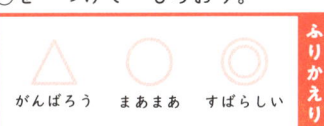

がんばろう	まあまあ	すばらしい

ふりかえり

あいうえおひょう

わ	ら	や	ま	は	な	た	さ	か	あ
	り		み	ひ	に	ち	し	き	い
を	る	ゆ	む	ふ	ぬ	つ	す	く	う
	れ		め	へ	ね	て	せ	け	え
ん	ろ	よ	も	ほ	の	と	そ	こ	お

ひらがなを まねして かいて みよう。

③

②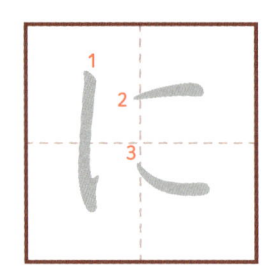

①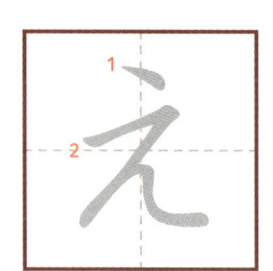

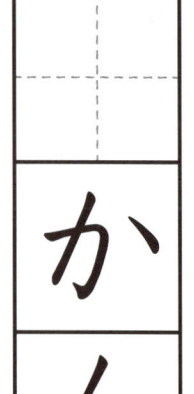

かん

ぎゅうう

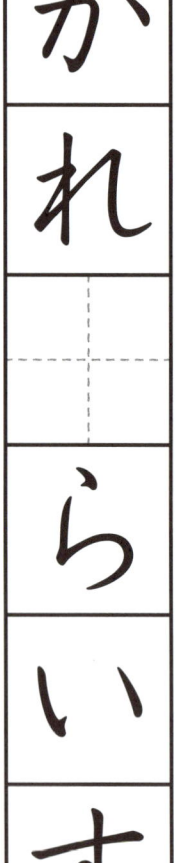

かられいす

55
ページ こたえ

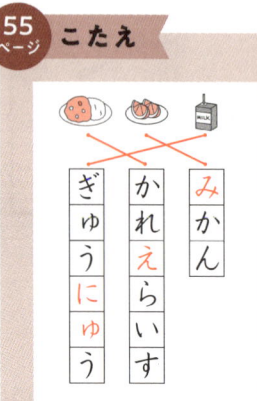

あめの ひ。
なにが ひつようかな?

パン、パン、パン、パンと、てを たたきながら よもう。

③

②

①

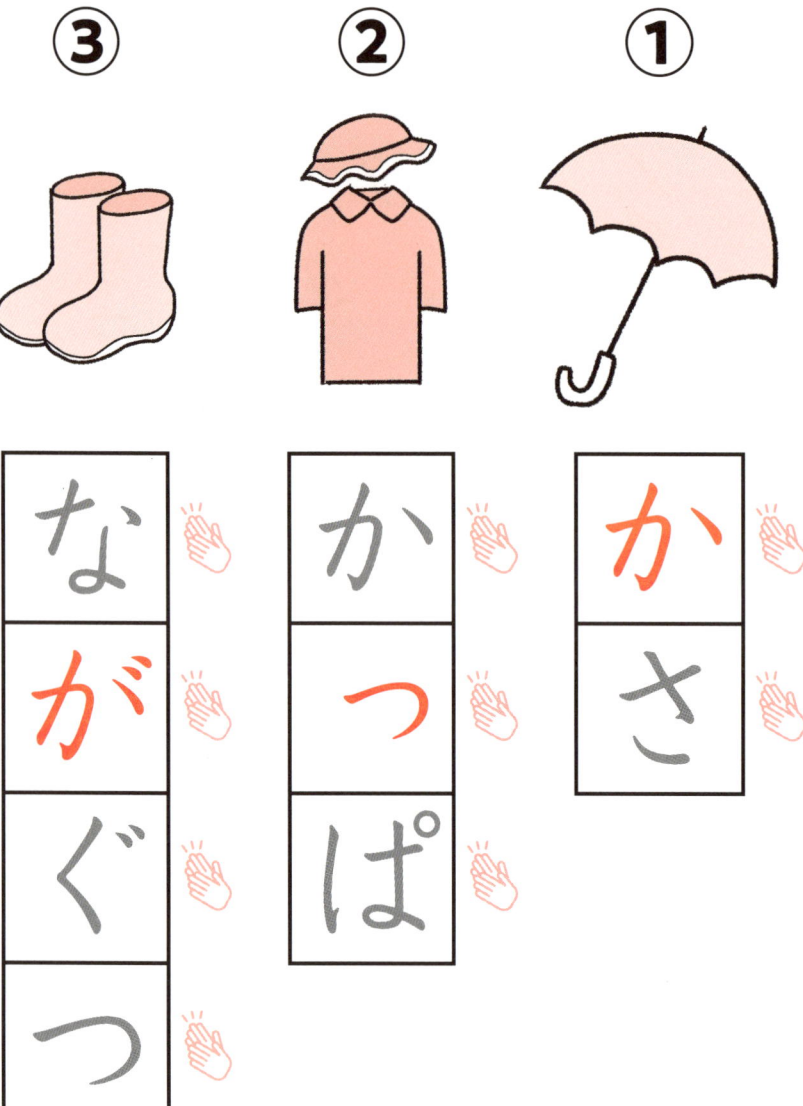

| な | が | ぐ | つ |

| か | っ | ぱ |

| か | さ |

57ページ こたえ

 ふりかえり

○を つけて もらおう。

◎ すばらしい

○ まあまあ

△ がんばろう

③
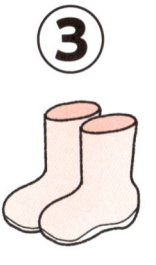

②

①

ひらがなを よんで せんで つなごう。

③
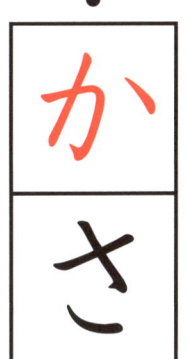

か
さ

②
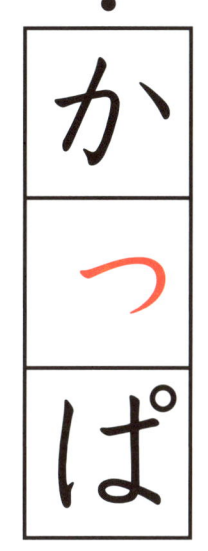

か
っ
ぱ

①
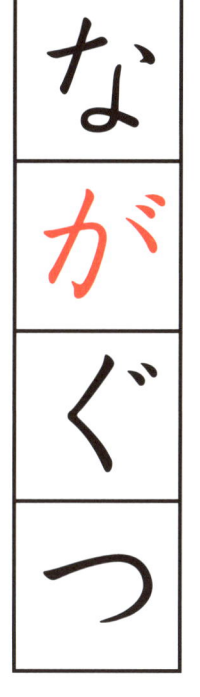

な
が
ぐ
つ

あいうえおひょう

わ	ら	や	ま	は	な	た	さ	か	あ
	り		み	ひ	に	ち	し	き	い
を	る	ゆ	む	ふ	ぬ	つ	す	く	う
	れ		め	へ	ね	て	せ	け	え
ん	ろ	よ	も	ほ	の	と	そ	こ	お

ひらがなを まねして かいて みよう。

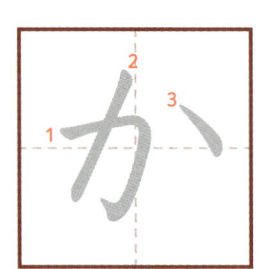

③

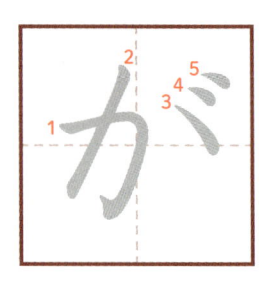

な
ぐ
つ

②

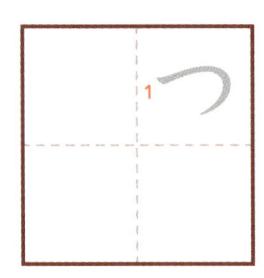

か
ぱ

①

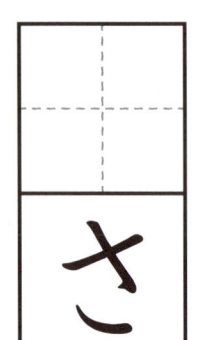

さ

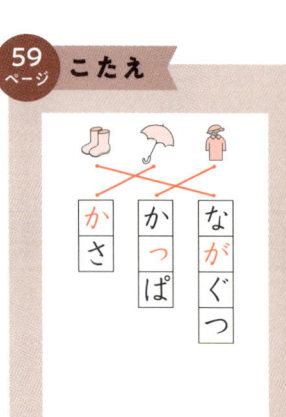

ふりかえり

◯を つけて もらおう。

◎ すばらしい

◯ まあまあ

△ がんばろう

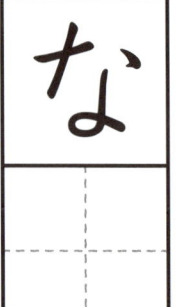

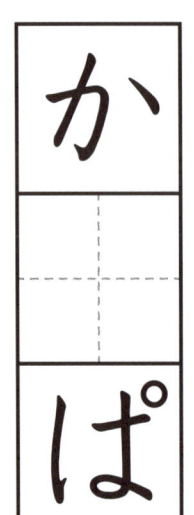

びっくり あいうえお

なならがそ　ぬねの
なすの　ながそで　なにぬねの

たのしく
よめたかな？

ひらがな
かくれんぼ3

あっ、どうぶつの　ことばが　かくれて　いる！

とくべつきょうしつ たんけん

63 ページのこたえ　ぺんぎん

① ┃ しつ

けがや　びょうきの　ときは、この　①しつで、②を　して　もらおう。

パン、パン、パンと、てを たたきながら よもう。

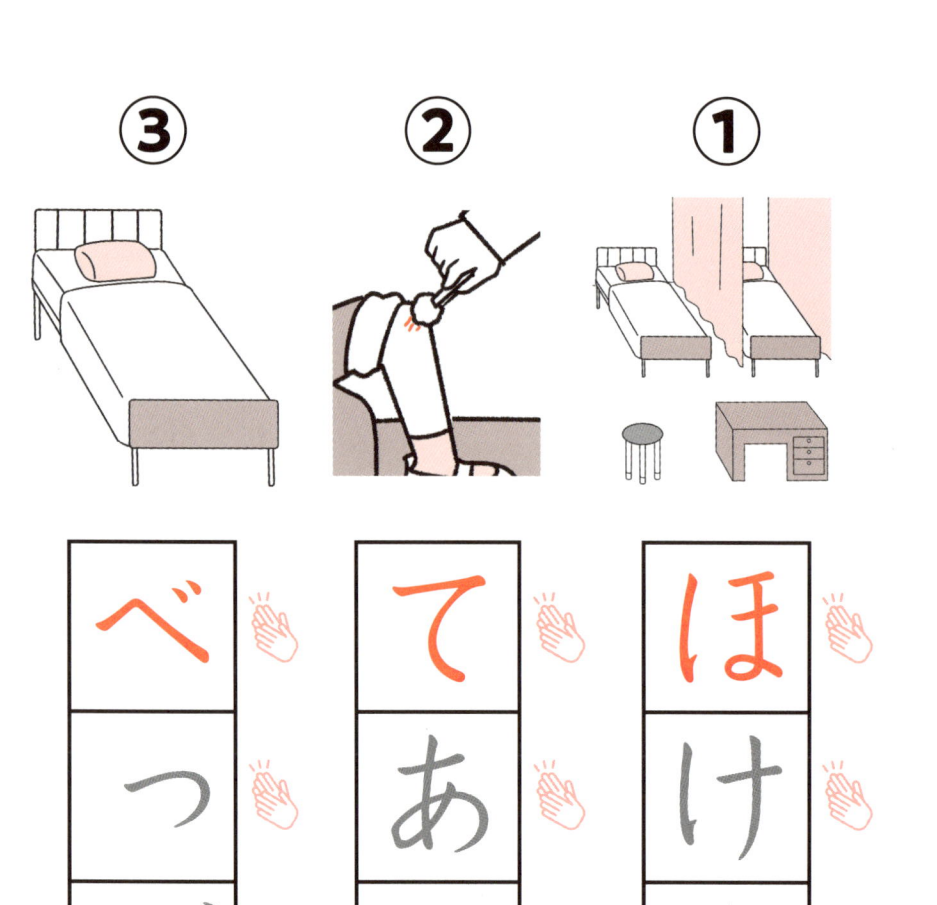

③

②

①

③ べっど

② てあて

① ほけんしつ

65ページ こたえ

ほけんしつ

ふりかえり

○を つけて もらおう。

◎ すばらしい

○ まあまあ

△ がんばろう

66

ひらがなを よんで
せんで つなごう。

③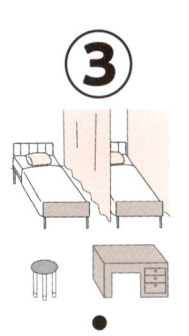

②

①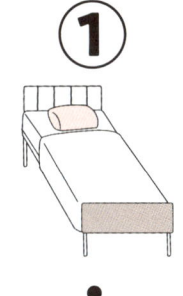

③
て
あ
て

②
べ
っ
ど

①
ほ
け
ん
し
つ

あいうえおひょう

わ	ら	や	ま	は	な	た	さ	か	あ
	り		み	ひ	に	ち	し	き	い
を	る	ゆ	む	ふ	ぬ	つ	す	く	う
	れ		め	へ	ね	て	せ	け	え
ん	ろ	よ	も	ほ	の	と	そ	こ	お

ひらがなを まねして かいて みよう。

③

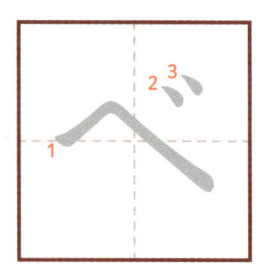

②

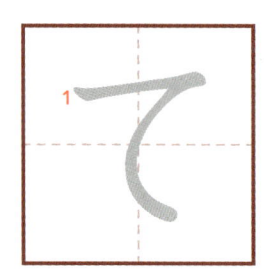

①

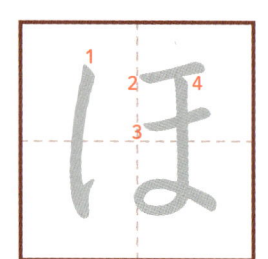

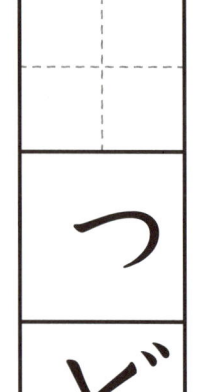

っ
ど

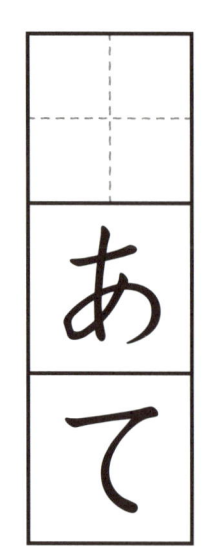

あ
て

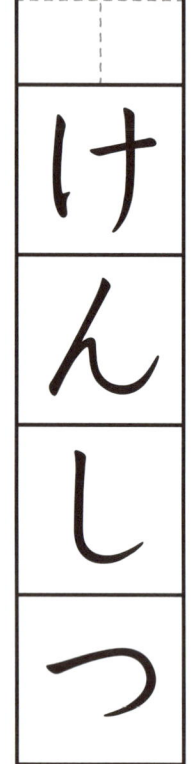

け
ん
し
つ

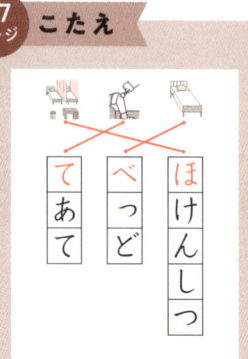
ふりかえり

○を つけて もらおう。

◎ すばらしい

○ まあまあ

△ がんばろう

68

かくれんぼクイズ

がっこう ① ⬜ かん

がっこう ① かんでは、② をよむ ことが できるよ。

パン、パン、パン、パンと、
てを　たたきながら　よもう。

③

②

①

ほ
ん
だ
な

ほ
ん
を
よ
む

と
し
ょ
か
ん

ふりかえり

○を　つけて　もらおう。

◎ すばらしい

○ まあまあ

△ がんばろう

69ページ こたえ

がっこう ①としょ かん

70

③

②

①

ひらがなを よんで せんで つなごう。

③
| ほ |
| ん |
| だ |
| な |

②
| と |
| し |
| ょ |
| か |
| ん |

①
| ほ |
| ん |
| を |
| よ |
| む |

あいうえおひょう

わ	ら	や	ま	は	な	た	さ	か	あ
	り		み	ひ	に	ち	し	き	い
を	る	ゆ	む	ふ	ぬ	つ	す	く	う
	れ		め	へ	ね	て	せ	け	え
ん	ろ	よ	も	ほ	の	と	そ	こ	お

ひらがなを まねして
かいて みよう。

③

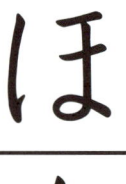

②

①

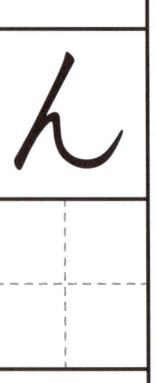

ほ
ん
な

ほ
ん
よ
む

と
よ
か
ん

71
ページ こたえ

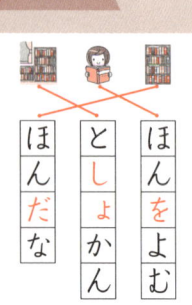

ほ	と	ほ
ん	し	ん
だ	ょ	を
な	か	よ
	ん	む

ふりかえり

○を つけて もらおう。

◎ すばらしい

○ まあまあ

△ がんばろう

たのしく　よもう！
びっくり
あいうえお

えっ、はえ？
はみがきを
するの？

は は は
え み ひ
の が ふ
　 き へ
　 　 ほ

たのしく
よめたかな？

かくれんぼクイズ

① かんでは、あめの ひでも、うんどうが できるよ。

① □□□□ かん

②

③

パン、パン、パン、パンと、
てを たたきながら よもう。

③ ② ①

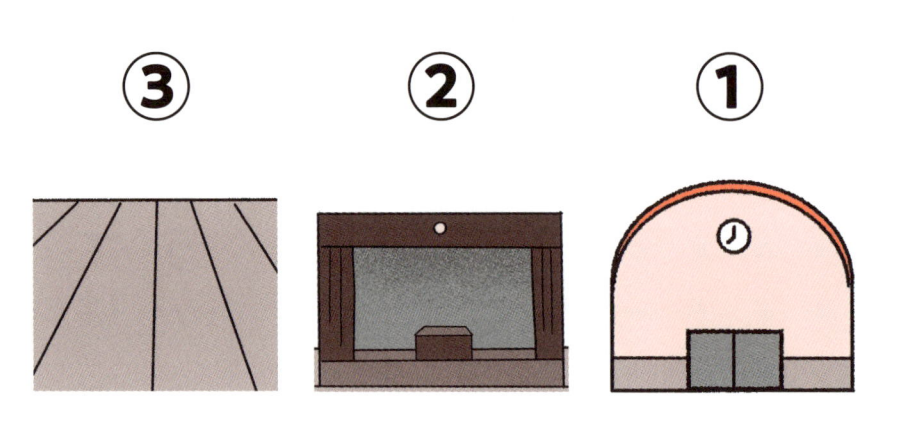

③	②	①
ゆ か	す て え じ	た い い く か ん

75ページ こたえ

たいいくかん

③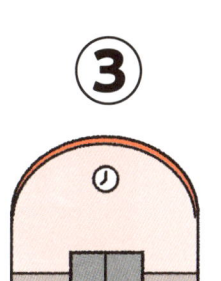

②

①

●

●

●

●

●

●

ひらがなを よんで せんで つなごう。

③
ゆ
か

②
た
い
い
く
か
ん

①
す
て
え
じ

あいうえおひょう

わ	ら	や	ま	は	な	た	さ	か	あ
	り		み	ひ	に	ち	し	き	い
を	る	ゆ	む	ふ	ぬ	つ	す	く	う
	れ		め	へ	ね	て	せ	け	え
ん	ろ	よ	も	ほ	の	と	そ	こ	お

77

③

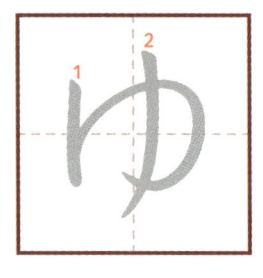

②

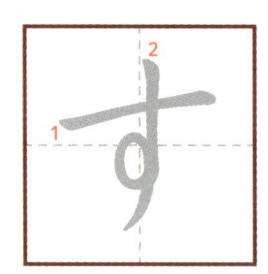

①

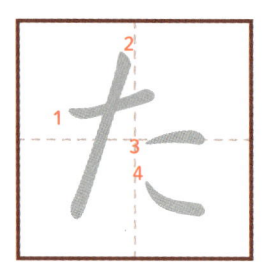

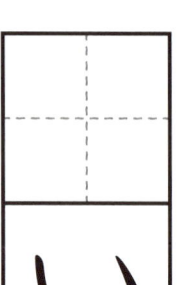

ひらがなを まねして かいて みよう。

か

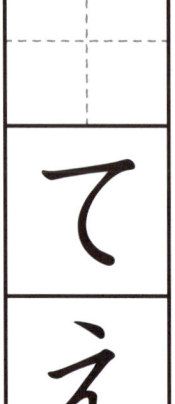

て
え
じ

い
い
く
か
ん

77
ページ
こたえ

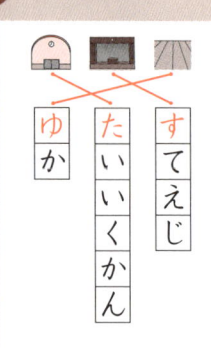

ゆ
か

た
い
い
く
か
ん

す
て
え
じ

○を つけて もらおう。

ふりかえり

◎ すばらしい

○ まあまあ

△ がんばろう

①しつには、いろんな がっきが あるよ。

① ▢ しつ

パン、パン、パンと、てを たたきながら よもう。

③

②

①

ふめんだい

ぴあの

おんがくしつ

79ページ こたえ

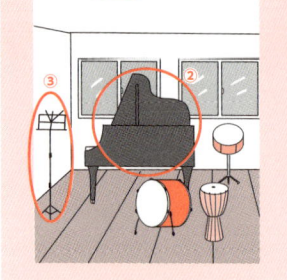

おんがくしつ

ひらがなを よんで せんで つなごう。

① ぴあの

② おんがくしつ

③ ふめんだい

あいうえおひょう

わ	ら	や	ま	は	な	た	さ	か	あ
	り		み	ひ	に	ち	し	き	い
を	る	ゆ	む	ふ	ぬ	つ	す	く	う
	れ		め	へ	ね	て	せ	け	え
ん	ろ	よ	も	ほ	の	と	そ	こ	お

ひらがなを まねして かいて みよう。

③

ふ
ん
だ
い

②

あ
の

①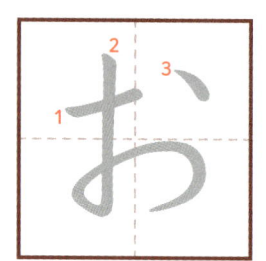

ん
が
く
し
つ

81 ページ こたえ

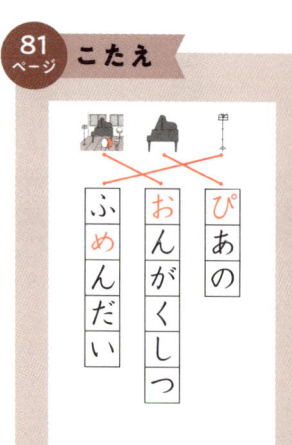

ぴ｜あ｜の

お｜ん｜が｜く｜し｜つ

ふ｜め｜ん｜だ｜い

たのしく　よもう！
びっくり　あいうえお

えっ、まま？
まきひげを
はやしたの？

ま ま ま
まきみ
のひむ
げめ
も

たのしく
よめたかな？

ひらがな
かくれんぼ4

あっ、こうえんの　ゆうぐの　ことばが　かくれて　いる！

ぎょうじたんけん

85ページのこたえ　すべりだい

かくれんぼクイズ

えんそくには、
なにを もって いく？

パン、パン、パン、パンと、
てを たたきながら よもう。

③

②

①

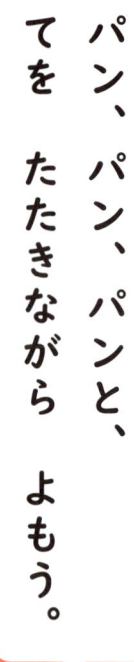

すいとう

れじゃあしいと

べんとう

87
ページ
こたえ

ふりかえり

○を つけて もらおう。

◎ すばらしい

○ まあまあ

△ がんばろう

ひらがなを よんで せんで つなごう。

①

・
・
・

す
い
と
う

②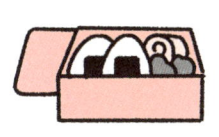

・
・
・

れ
じ
ゃ
あ
し
い
と

③

・
・
・

べ
ん
と
う

ふりかえり

○を つけて もらおう。

◎ すばらしい
○ まあまあ
△ がんばろう

あいうえおひょう

わ	ら	や	ま	は	な	た	さ	か	あ
	り		み	ひ	に	ち	し	き	い
を	る	ゆ	む	ふ	ぬ	つ	す	く	う
	れ		め		へ	ね	て	せ	け	え
ん	ろ	よ	も	ほ	の	と	そ	こ	お

③

②

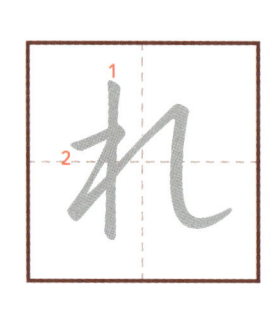

①

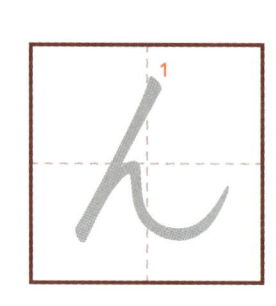

ひらがなを まねして
かいて みよう。

③

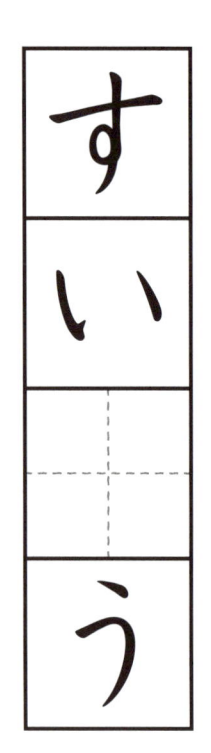

す
い

う

②

じ
ゃ
あ
し
い
と

①

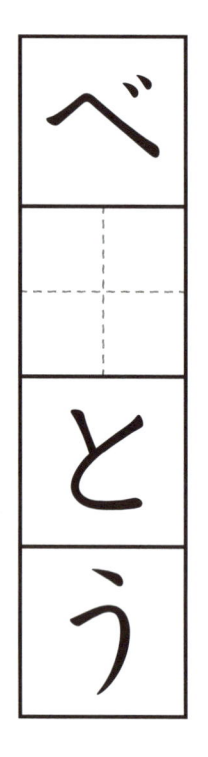

べ

と

う

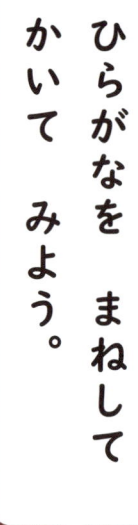

89
ページ　こたえ

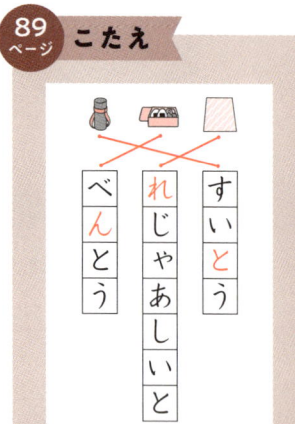

す
い
と
う

れ
じ
ゃ
あ
し
い
と

べ
ん
と
う

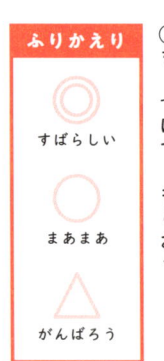

○を　つけて　もらおう。

ふりかえり

◎
すばらしい

○
まあまあ

△
がんばろう

90

かくれんぼクイズ

しんたいそくてい。
なにを　はかるのかな？

①

②

はかる　ときの　あしは、
○○○に　なろう。

③

パン、パン、パン、パンと、
てを　たたきながら　よもう。

③

②

①

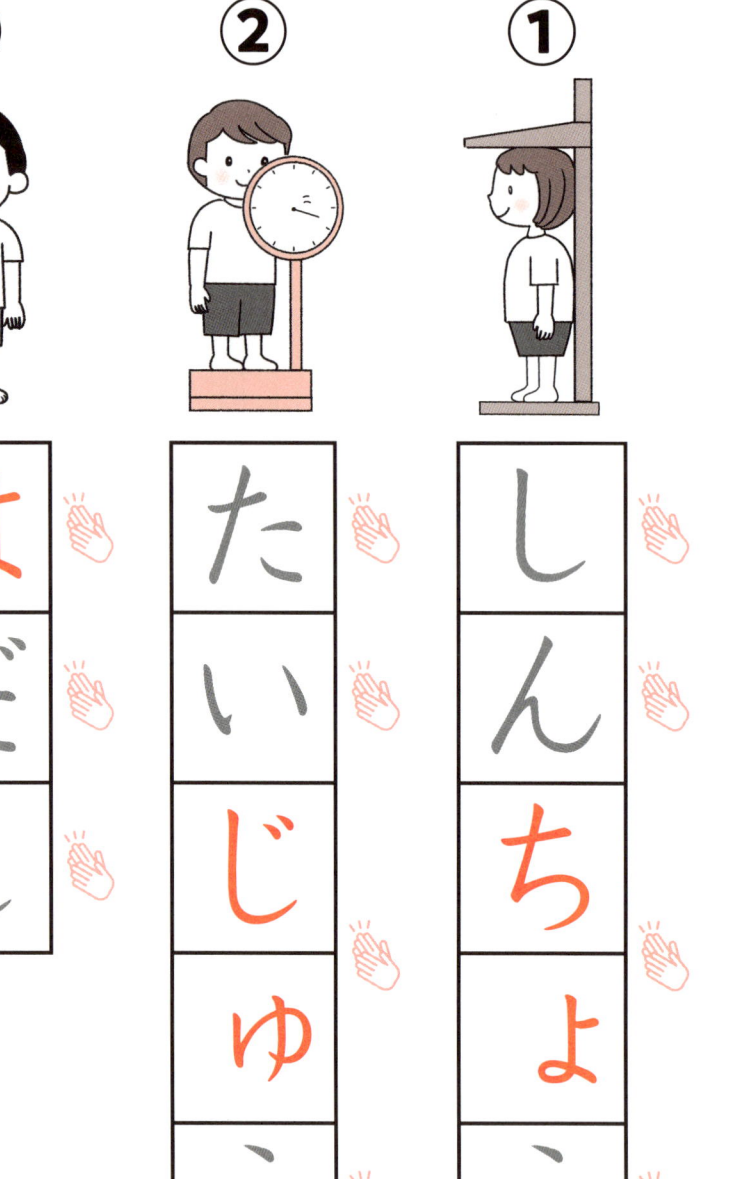

③	②	①
は	た	し
だ	い	ん
し	じ	ちょ
	ゅ	う
	う	

91ページ　こたえ

ふりかえり

◎　すばらしい

〇　まあまあ

△　がんばろう

〇を　つけて　もらおう。

③

②

①

ひらがなを よんで せんで つなごう。

① たいじゅう

② しんちょう

③ はだし

あいうえおひょう

わ	ら	や	ま	は	な	た	さ	か	あ
	り		み	ひ	に	ち	し	き	い
を	る	ゆ	む	ふ	ぬ	つ	す	く	う
	れ		め	へ	ね	て	せ	け	え
ん	ろ	よ	も	ほ	の	と	そ	こ	お

ひらがなを まねして かいて みよう。

③

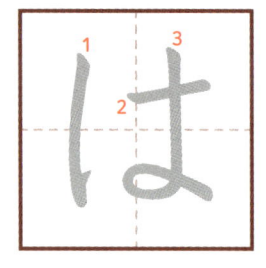

②

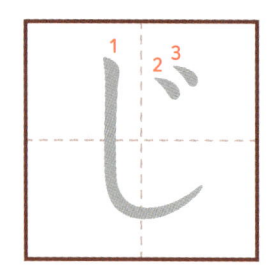

①

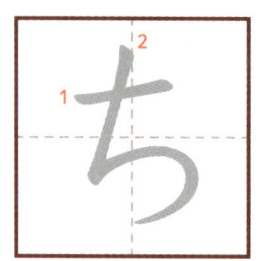

③

だ
し

②
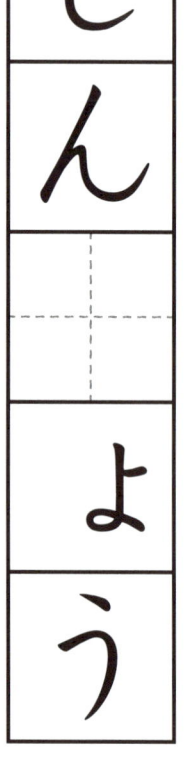
た
い
ゆ
う

①
し
ん

よ
う

93
ページ
こたえ

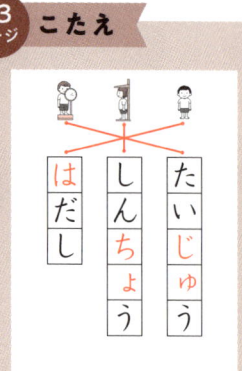

〇を つけて もらおう。

ふりかえり
◎ すばらしい
○ まあまあ
△ がんばろう

けんこうしんだん。なんの けんさかな？

パン、パン、パンと、
てを たたきながら よもう。

③ ② ①

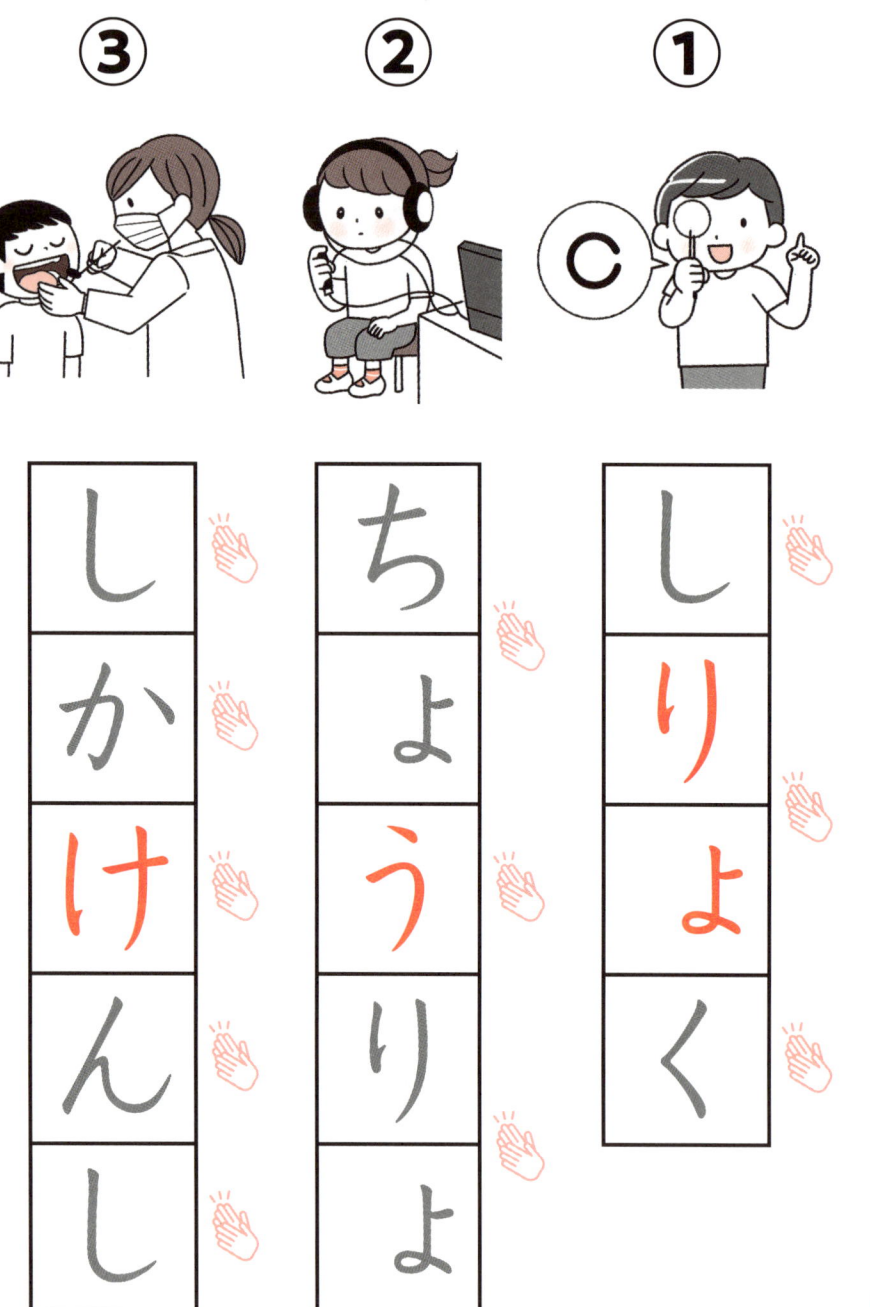

① しりょく

② ちょうりょく

③ しかけんしん

95ページ こたえ

○を つけて もらおう。

△	○	◎
がんばろう	まあまあ	すばらしい

ふりかえり

96

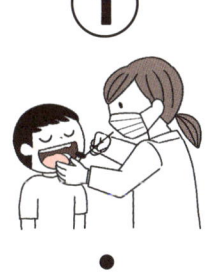
③

②

①

ひらがなを　よんで　せんで　つなごう。

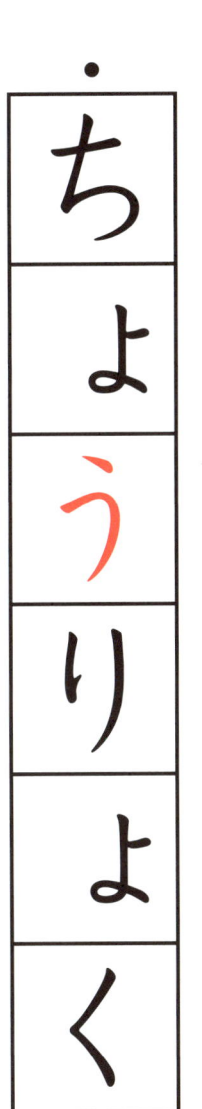
ちょうりょく

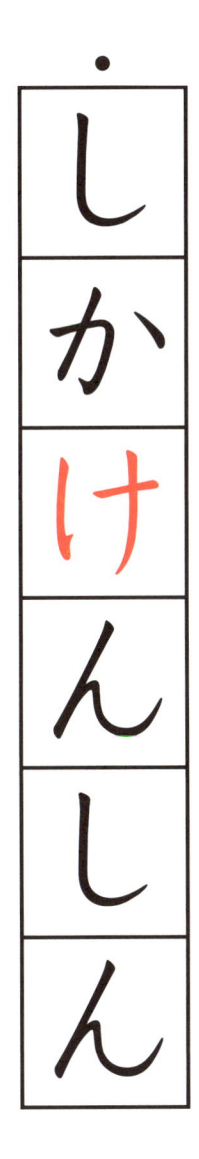
しかけんしん

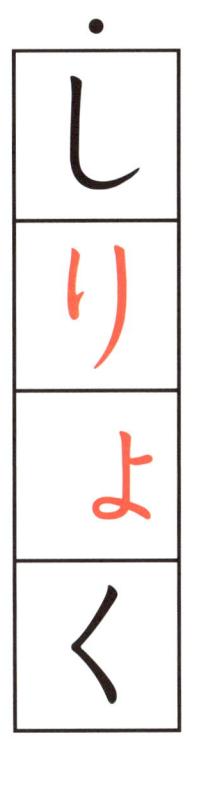
しりよく

○を　つけて　もらおう。

△	○	◎	ふりかえり
がんばろう	まあまあ	すばらしい	

あいうえおひょう

わ	ら	や	ま	は	な	た	さ	か	あ
	り		み	ひ	に	ち	し	き	い
を	る	ゆ	む	ふ	ぬ	つ	す	く	う
	れ		め	へ	ね	て	せ	け	え
ん	ろ	よ	も	ほ	の	と	そ	こ	お

③
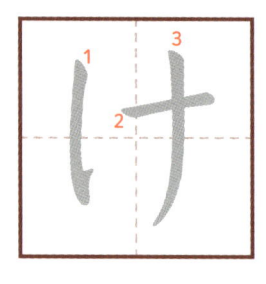
け

②
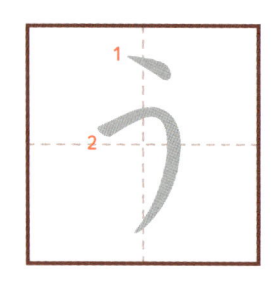
う

①
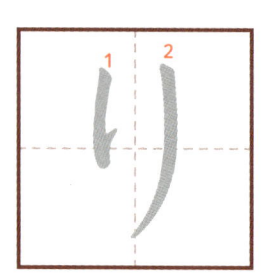
り

ひらがなを まねして
かいて みよう。

③

し
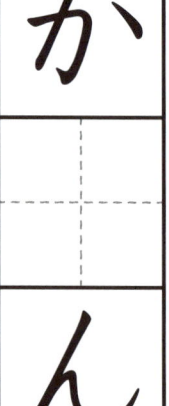
か
ん
しん

②
ち
よ
りょ
く

①
し
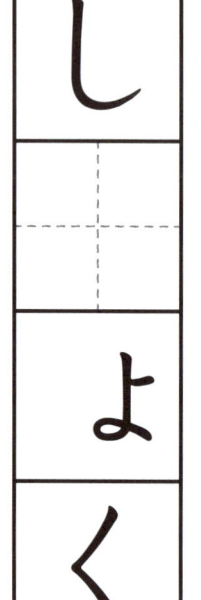
よ
く

97
ページ こたえ

ちょうりょく
しかけんしん
しりょく

びっくり あいうえお

えっ、やぎ？
やきそばを
つくるの？

や　や　や

やぎの
やきそば
いゆえよ

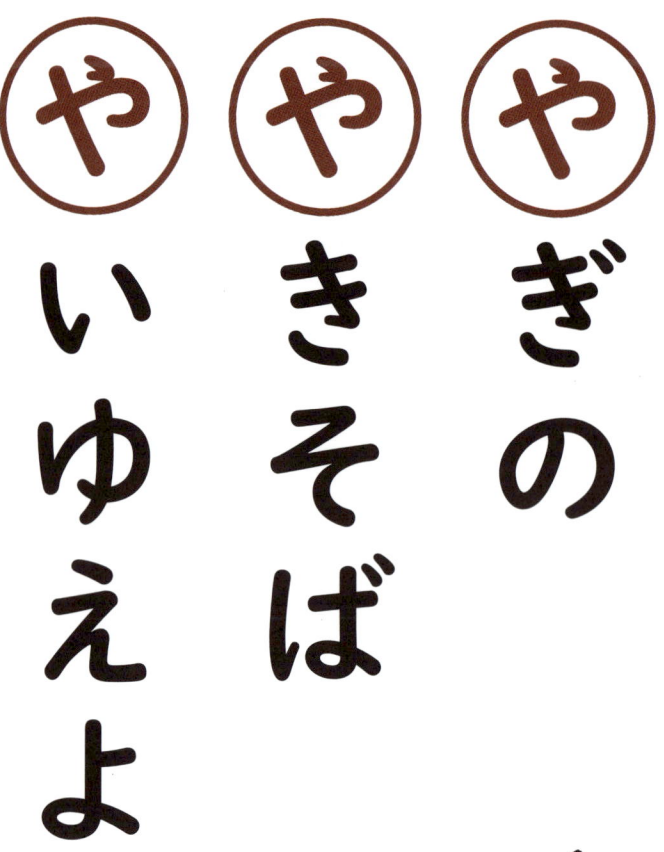

たのしく
よめたかな？

すいえい。もちものは、なにかな？

① ② ③

パン、パン、パン、パンと、
てを　たたきながら　よもう。

③

②

①

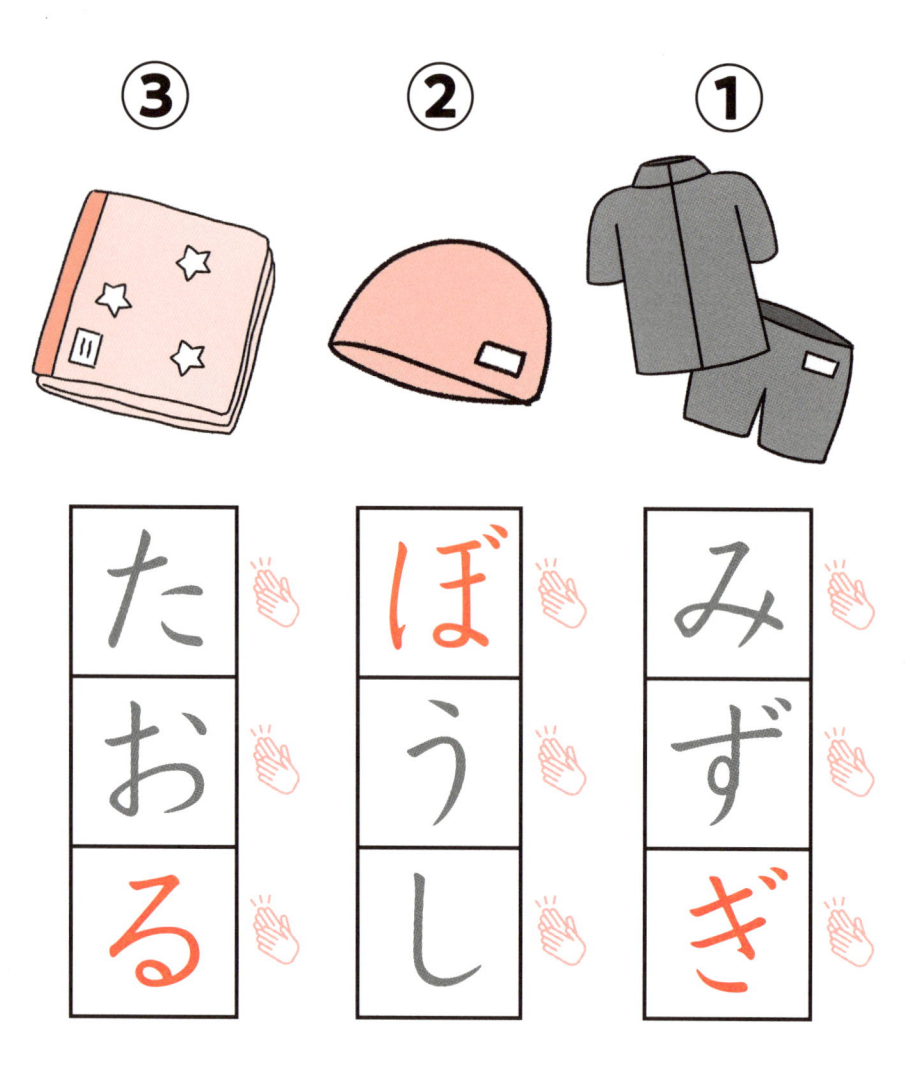

たおる

ぼうし

みずぎ

101
ページ　こたえ

○を　つけて　もらおう。

ふりかえり

◎　すばらしい

○　まあまあ

△　がんばろう

③

②

①

・

・

・

・

・

・

み
ず
ぎ

ぼ
う
し

た
お
る

ひらがなを よんで
せんで つなごう。

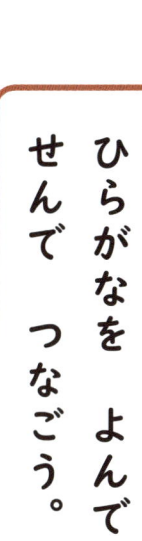

あいうえおひょう

わ	ら	や	ま	は	な	た	さ	か	あ
	り		み	ひ	に	ち	し	き	い
を	る	ゆ	む	ふ	ぬ	つ	す	く	う
	れ		め	へ	ね	て	せ	け	え
ん	ろ	よ	も	ほ	の	と	そ	こ	お

ひらがなを まねして かいて みよう。

③

②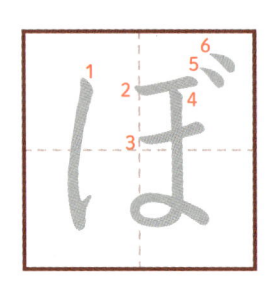

①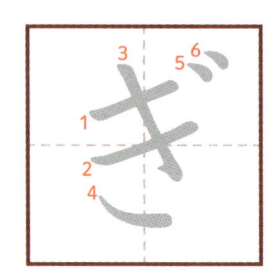

た
お

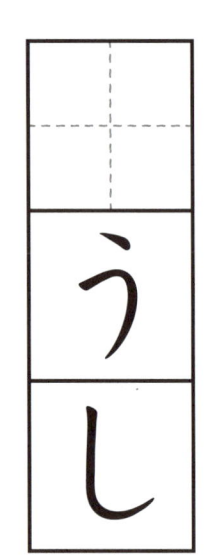

み
ず

103ページ こたえ

みず ぎ ｜ ぼ う し ｜ た お る

かくれんぼクイズ

うんどうかい。
しゅもくは、なにかな？

パン、パン、パン、パンと、てを たたきながら よもう。

③

③	②	①
か	つ	た
け	な	ま
っ	ひ	い
こ	き	れ

105ページ こたえ

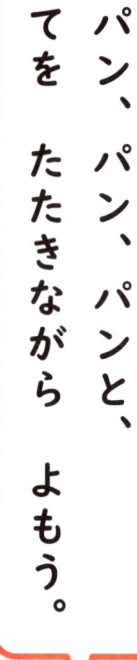

ふりかえり

◎ すばらしい

○ まあまあ

△ がんばろう

○を つけて もらおう。

106

③
②
①

ひらがなを　よんで　せんで　つなごう。

たまいれ

つなひき

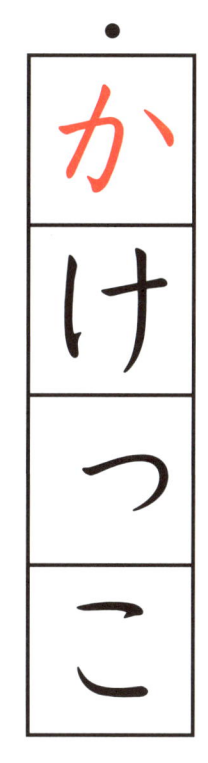かけっこ

ふりかえり

◎を　つけて　もらおう。

◎ すばらしい
○ まあまあ
△ がんばろう

③　　②　　①

　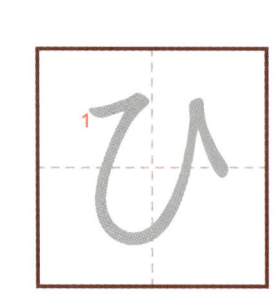　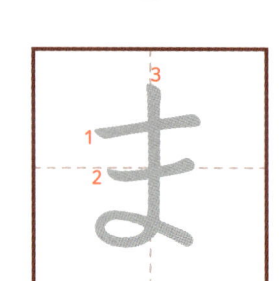

ひらがなを まねして
かいて みよう。

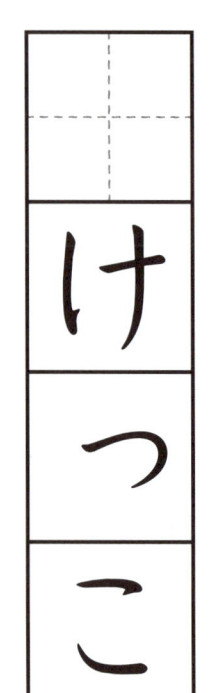　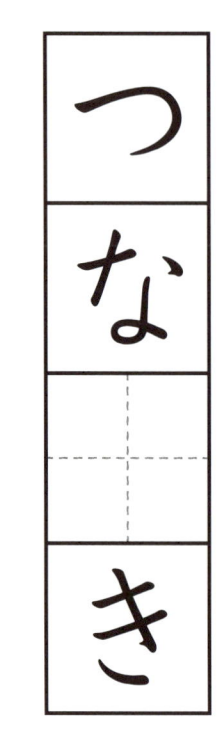　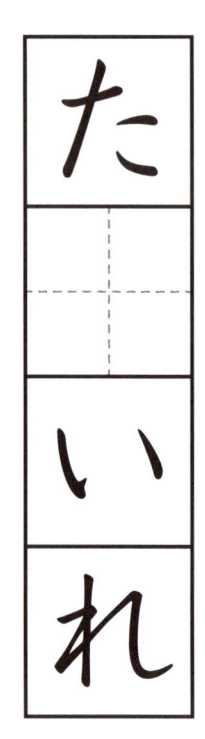

107ページ こたえ

ふりかえり

○を つけて もらおう。

◎ すばらしい
○ まあまあ
△ がんばろう

108

びっくり あいうえお

えっ、らくだ？
らあめんが
すきなの？

ら

らくだの
あめん
りるれろ

たのしく
よめたかな？

ひらがな

かくれんぼ5

あっ、のりものの　ことばが　かくれて　いる！

きゅうじつたんけん

111 ページのこたえ　でんしゃ

パン、パン、パンと、
てを たたきながら
よもう。

③

② ①

ろ
ば

ね
こ

や
ぎ

113
ページ こたえ

ふりかえり

◎ すばらしい

○ まあまあ

△ がんばろう

○を つけて もらおう。

③

②

①

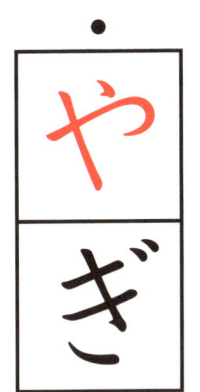

や
ぎ

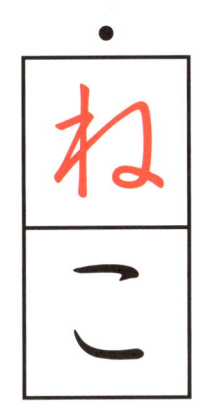

ね
こ

ろ
ば

ひらがなを よんで
せんで つなごう。

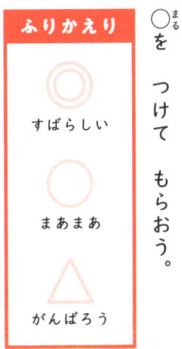

ふりかえり

○を つけて もらおう。

◎ すばらしい

○ まあまあ

△ がんばろう

あいうえおひょう

わ	ら	や	ま	は	な	た	さ	か	あ
	り		み	ひ	に	ち	し	き	い
を	る	ゆ	む	ふ	ぬ	つ	す	く	う
	れ		め	へ	ね	て	せ	け	え
ん	ろ	よ	も	ほ	の	と	そ	こ	お

③

②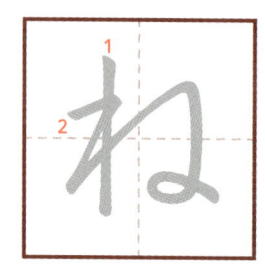

①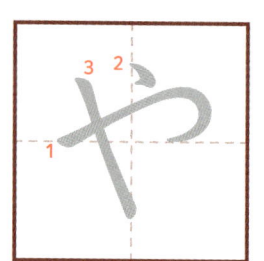

ひらがなを まねして かいて みよう。

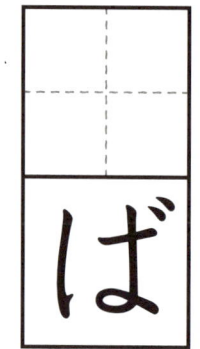 ば

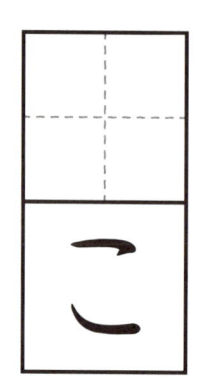 こ

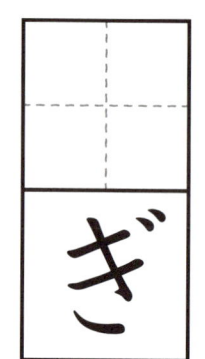 ぎ

115ページ こたえ

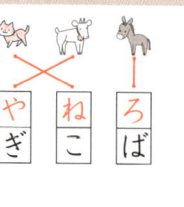

ふりかえり

◎ すばらしい

○ まあまあ

△ がんばろう

○を つけて もらおう。

かくれんぼクイズ

ペットを　つれて、
かぞくで　うみへ　いったよ。

パン、パン、パンと、
てを　たたきながら　よもう。

③

②

①

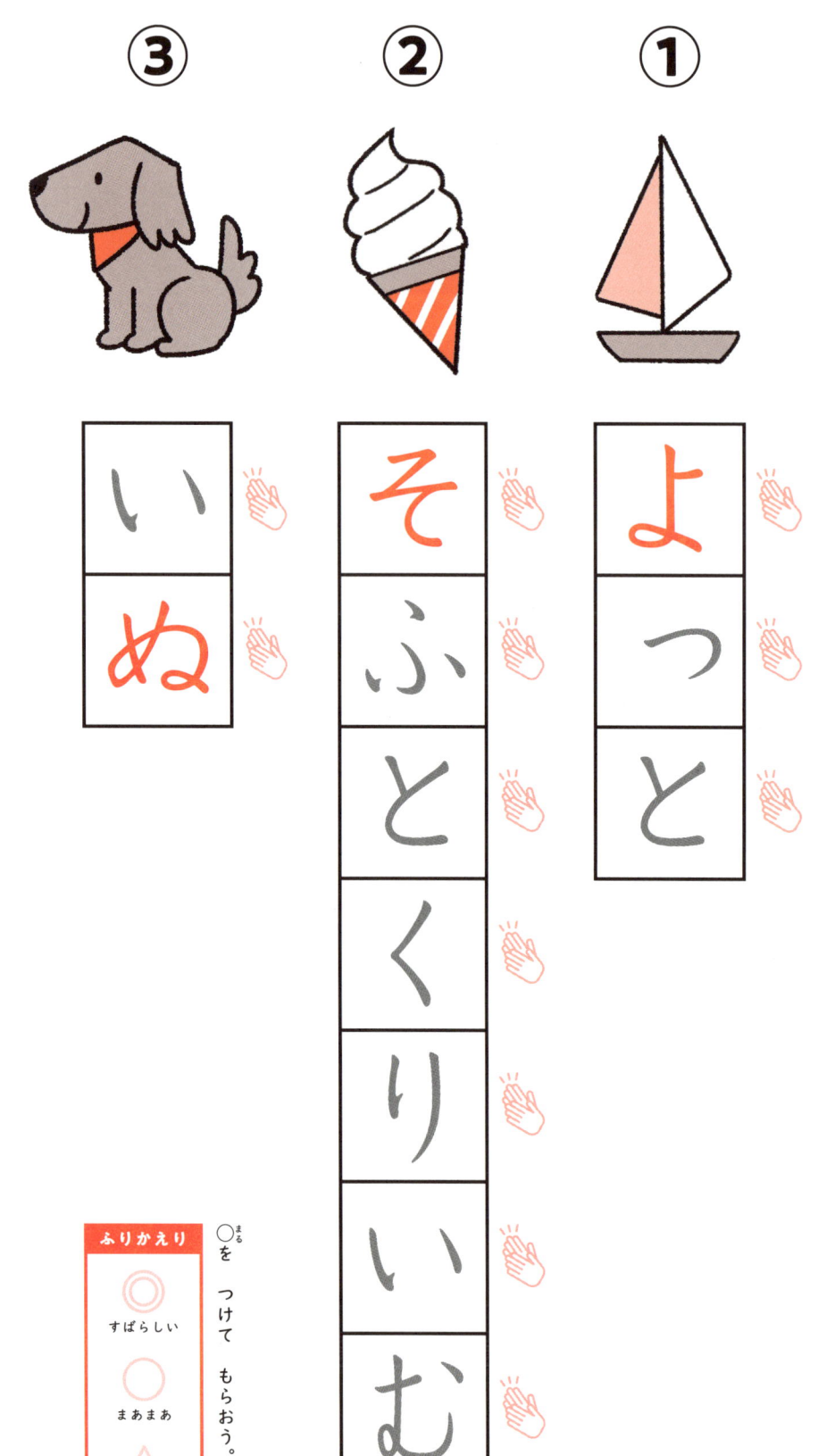

いぬ

そふとくりいむ

よっと

117
ページ　こたえ

ふりかえり

◯を　つけて　もらおう。

◎ すばらしい

◯ まあまあ

△ がんばろう

③

②

①

ひらがなを よんで せんで つなごう。

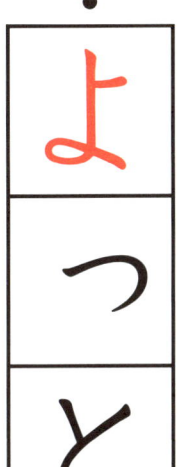

よ
っ
と

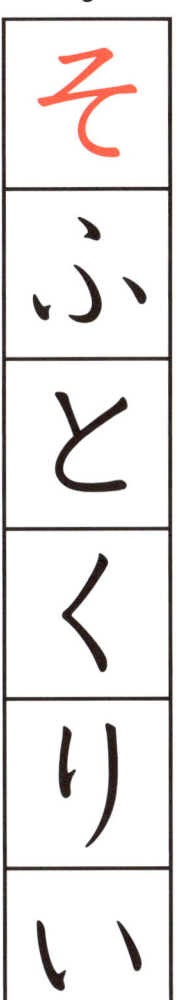

そ
ふ
と
く
り
い
む

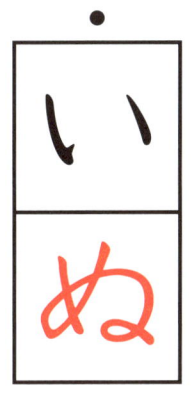

い
ぬ

ふりかえり

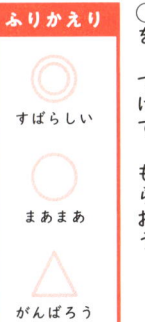

◎ すばらしい

○ まあまあ

△ がんばろう

○を つけて もらおう。

あいうえおひょう

わ	ら	や	ま	は	な	た	さ	か	あ
	り		み	ひ	に	ち	し	き	い
を	る	ゆ	む	ふ	ぬ	つ	す	く	う
	れ		め	へ	ね	て	せ	け	え
ん	ろ	よ	も	ほ	の	と	そ	こ	お

③
②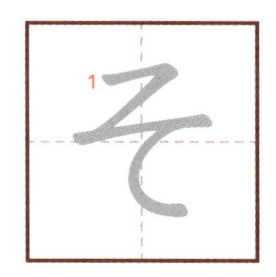
①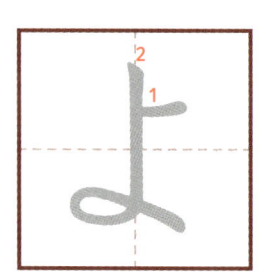

119
ページ　こたえ

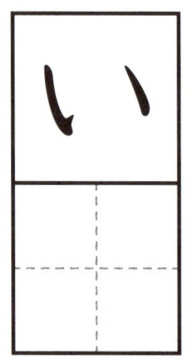

ひらがなを まねして かいて みよう。

③
い

② ふとくりいむ

① っと

120

たのしく　よもう！
びっくり
あいうえお

えっ、わに？
わりばしを
つかうの？

わ わ わ

わにの
わりばし
わいうえをん

たのしく
よめたかな？

2

たのしく　よもう

「びっくり　あいうえお」

ぜんぶ、よめるかな？

あ ひるの あんぱん
あ いうえお
か らすの かつら
か きくけこ
さ るの さいころ
さ しすせそ

124

たいの　たいっ
たちってと
なにぬねの
なすの　ながそで
はひふへほ
はえの　はみがき
ままの　まきひげ
まみむめも

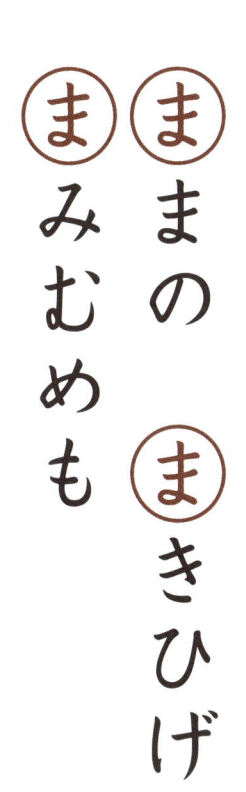
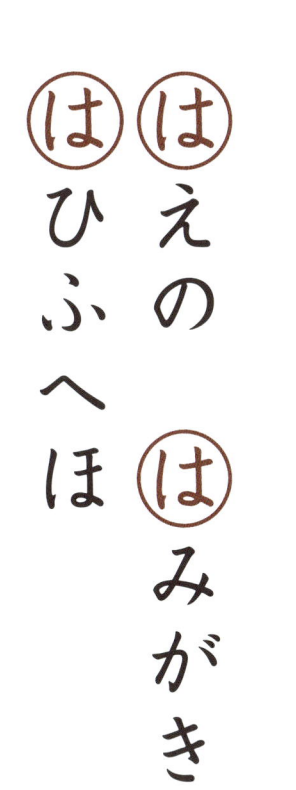
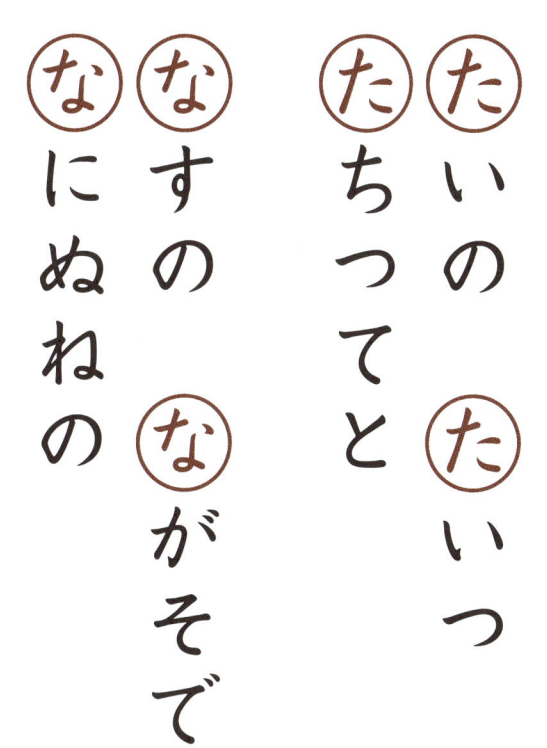

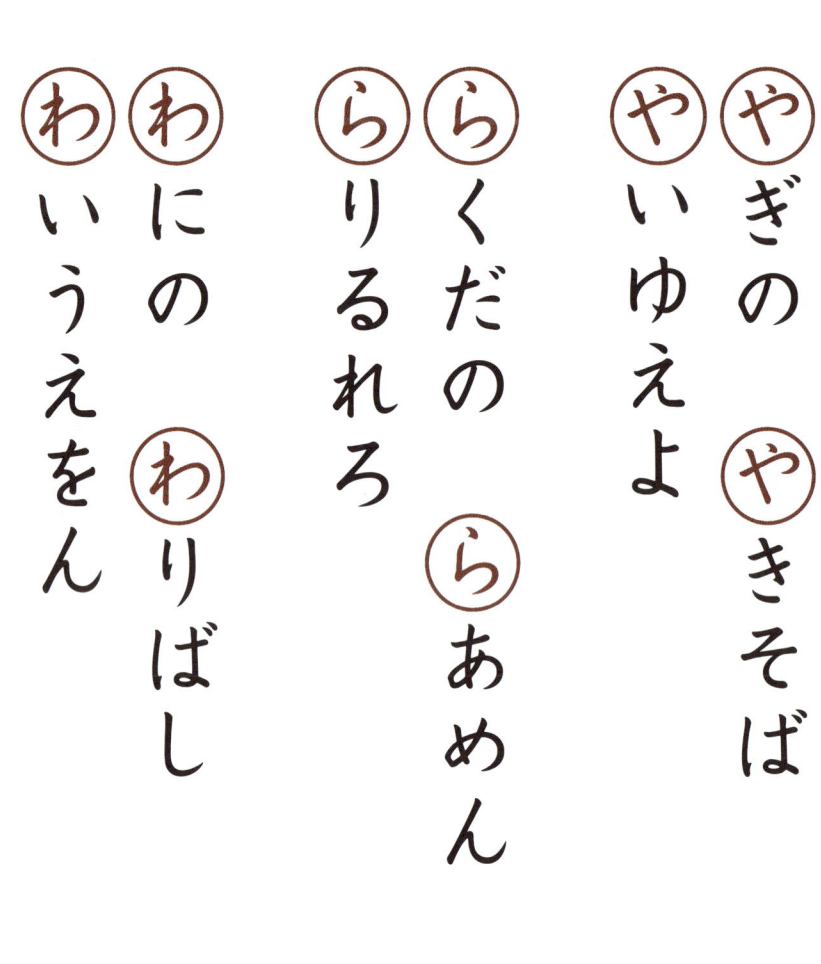

やぎの やきそば

やい ゆえよ

らくだの らあめん

らりるれろ

わに の わりばし

わ いうえをん

じぶんでも　つくって　みる？

あ

あ

の

あいうえお

じぶんでも　つくって　みる？

か

かの

かきくけこ

さぎょうや
たぎょうなどでも
つくって
みよう。

3

ひらがなひょうで あそぼう

すきな いろで ひらがなと えを ぬろう。

あり

いか

な なす	た たこ	さ さつまいも	か かたつむり	あ あり
に にんじん	ち ちょう	し しんごうき	き き	い いか
ぬ ぬいぐるみ	つ つき	す すりっぱ	く くるま	う うさぎ
ね ねこ	て てぶくろ	せ せっけん	け けえき	え えぷろん
の のおと	と とけい	そ そふとくりいむ	こ こたつ	お おたまじゃくし

拡大コピーしてご利用ください。

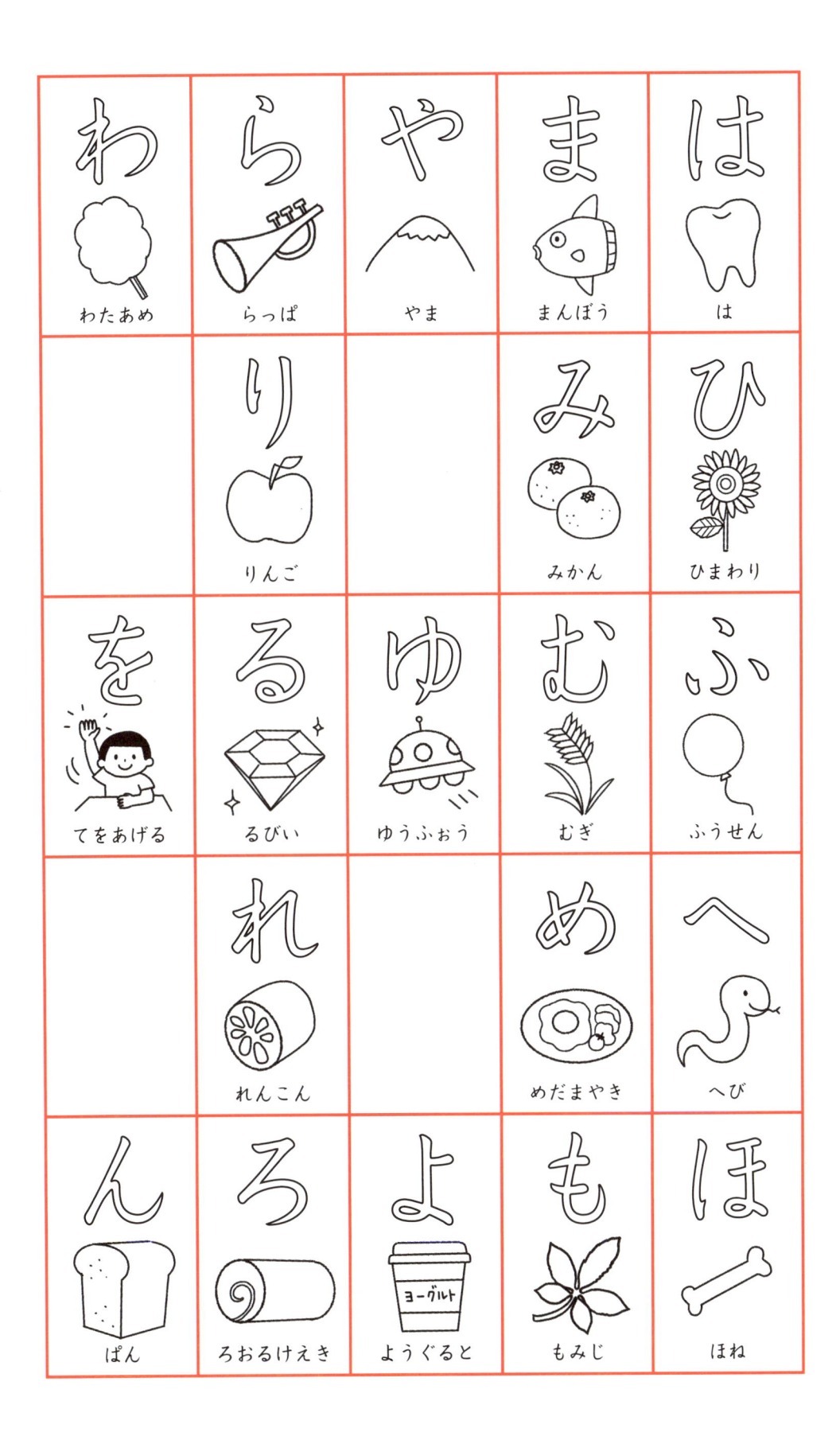

わ	ら	や	ま	は
わたあめ	らっぱ	やま	まんぼう	は
	り		み	ひ
	りんご		みかん	ひまわり
を	る	ゆ	む	ふ
てをあげる	るびい	ゆうふぉう	むぎ	ふうせん
	れ		め	へ
	れんこん		めだまやき	へび
ん	ろ	よ	も	ほ
ぱん	ろおるけえき	ようぐると	もみじ	ほね

は	な	た	さ	か	あ
ひ	に	ち	し	き	い
ふ	ぬ	つ	す	く	う
へ	ね	て	せ	け	え
ほ	の	と	そ	こ	お

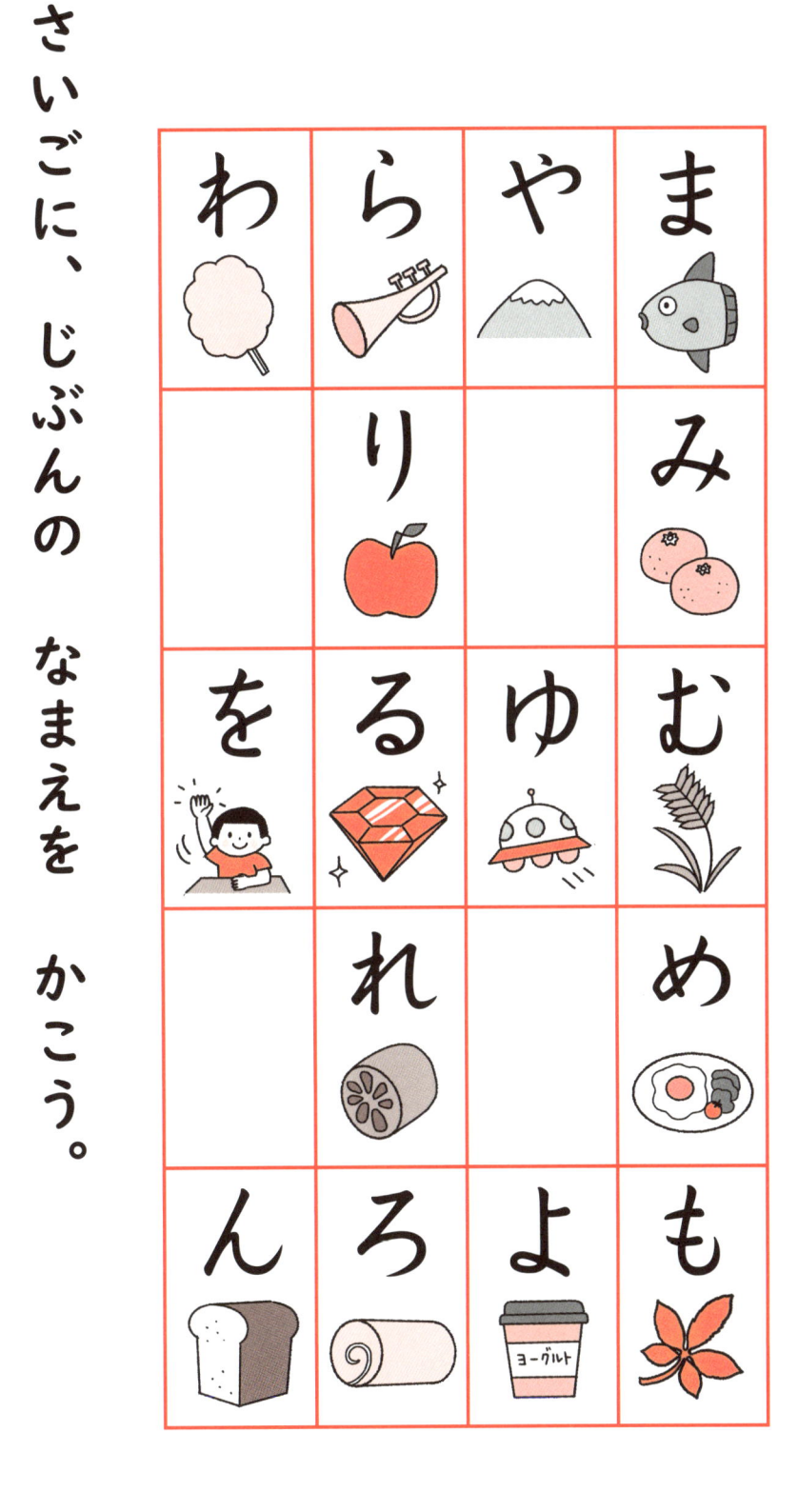

さいごに、じぶんの　なまえを　かこう。

桂　聖（かつら　さとし）

共愛学園前橋国際大学准教授。
元筑波大学附属小学校教諭。
山口県出身。山口県公立小、山口大学教育学部附属山口小、広島大学附属小、東京学芸大学附属小金井小、筑波大学附属小教諭を経て、現職。
著書に『国語授業のユニバーサルデザイン』（東洋館出版社）、『フリートークで読みを深める文学の授業』（学事出版）、『なぞらずにうまくなる　子どものひらがな練習帳』『なぞらずにうまくなる　子どものカタカナ練習帳』『なぞらずにうまくなる　ダジャレ漢字練習帳　小学1年生』『なぞらずにうまくなる　ダジャレ漢字練習帳　小学2年生』（以上、実務教育出版）ほか多数。
元筑波大学非常勤講師、一般社団法人日本授業UD学会理事長、光村図書「小学校国語教科書」編集委員、小学館『例解学習国語辞典』編集委員などを務める。X（@satoshi1173ka）で国語の学び方なども発信中。
ウェブサイト：https://katsurakokugo.net

はじめてのこくご
たんけんきょうかしょ

2024年12月31日　初版第1刷発行

著　者　桂　聖
発行者　淺井　亨
発行所　株式会社実務教育出版
　　　　〒163-8671　東京都新宿区新宿1-1-12
　　　　電話　03-3355-1812（編集）　03-3355-1951（販売）
　　　　振替　00160-0-78270

印刷・製本／中央精版印刷株式会社